KÖNNEN MÄNNER AUCH KANZLERIN WERDEN?

Die Illustrationen im Buch stammen von Anneke Southern. Sie wurde 1997 in London geboren, wo sie derzeit lebt. Nach ihrem Kunststudium an der Royal Drawing School studierte sie Kunstgeschichte an der University of Manchester. Seit sieben Jahren arbeitet sie für die Organisation »The Newman Holiday Trust«, die betreute Urlaube und Auszeiten für schwerstbehinderte Kinder anbietet. Gerade hat sie ihre Ausbildung als Yoga-Lehrerin für behinderte Kinder abgeschlossen und möchte weiterhin kreativ und unterstützend im sozialen Sektor arbeiten.

Dieses Buch ist ein Kooperationsprojekt der Stiftung Wertebündnis Bayern und des Elisabeth Sandmann Verlags.

1. Auflage 2021
© Elisabeth Sandmann Verlag GmbH, München
ISBN 978-3-945543-90-0
Alle Rechte vorbehalten

Lektorat: Heike Ochs
Illustrationen: Anneke Southern
Cover & Satz: Anja Fuchs
Herstellung: Jan Russok
Druck & Bindung: ForPress NT

Zitate: S. 30: Prälat Dr. Peter Neher, Präsident Deutscher Caritasverband, anlässlich 100 Jahre Frauenwahlrecht, Zukunftskongress, 100-jahre-frauenwahlrecht.de; S. 43: Kabarettist Gerhard Polt in seinem Stück »Der Standort Deutschland« über die hohen Zustimmungsraten für die CSU; S. 64: Dr. Isabel Rohner, Literaturwissenschaftlerin und Mitherausgeberin »100 Jahre Frauenwahlrecht. Ziel erreicht! ... und weiter?« anlässlich 100 Jahre Frauenwahlrecht, Zukunftskongress, 100-jahre-frauenwahlrecht.de; S. 73: Literatur-Nobelpreisträgerin Herta Müller im Gespräch bei Deutschlandfunk Kultur am 25.12.2019; S. 107: aus: Juli Zeh: »Wir tragen alle Mitschuld«, Dankesrede anlässlich der Verleihung des Heinrich-Böll-Preis der Stadt Köln am 8.11.2019; S. 120: Bundeskanzlerin Angela Merkel in ihrer Neujahrsansprache am 1.1.2014

Besuchen Sie uns im Internet unter www.esverlag.de

ELISABETH SANDMANN VERLAG
& STIFTUNG WERTEBÜNDNIS (HG.)

KÖNNEN MÄNNER AUCH KANZLERIN WERDEN?

... UND WEITERE FRAGEN ZUR DEMOKRATIE, FREIHEIT, MENSCHLICHKEIT UND WÜRDE

Elisabeth SANDMANN

INHALT

» Eine Demokratie, in der nicht gestritten wird, ist keine. «

Helmut Schmidt

Vorwort

WIE WIR ALS GESELLSCHAFT BEI VERSTAND BLEIBEN

Demokratie ist anstrengend, fordernd, komplex. Aber sie ist jede Strapaze wert, davon sind wir überzeugt. Sie gewährt uns Freiheit, Rechtssicherheit, Menschenrechte. Kennen Sie ein System, in dem Sie lieber lebten?

Natürlich gibt es auch in Demokratien Ungerechtigkeiten, Defizite beim Interessensausgleich, Schwachstellen. Diese zutage zu fördern, Lösungsansätze vorzuschlagen und die argumentative Auseinandersetzung zu pflegen – das ist die Aufgabe und das Privileg von Demokratinnen und Demokraten. Alle sind aufgerufen, sich konstruktiv am demokratischen Diskurs zu beteiligen. Wir glauben daran, dass das respektvolle Gespräch, auch und gerade mit Andersdenkenden, im Zentrum eines funktionierenden Gemeinwesens steht.

Das ist der Grund, warum wir im Jahr einer weichenstellenden Bundestagswahl dieses Buch veröffentlichen. Werte und Demokratie – das sind unsere Schwerpunkte im Wertebündnis Bayern. Wir wollen mit Menschen aus den unterschiedlichsten Bereichen unserer Gesellschaft ins Gespräch kommen über die Themen, die sie aktuell für besonders relevant halten. Wir wollen hören, was in unserem demokratischen Zusammenleben gut läuft, was sich ändern muss und wo die Reise langfristig hingehen soll. Wir wollen reflektieren, wie man gesellschaftlichen Spaltungen entgegenwirken kann, uns kritischen Fragen stellen und uns für Eigenverantwortung und eine Engagementkultur einsetzen.

Insbesondere unsere primäre Zielgruppe, die jungen Menschen, wollen wir mit unserem Buch und der geplanten Lesereise ansprechen.

Kinder, Jugendliche und junge Erwachsene sind diejenigen, die die Auswirkungen jetziger Weichenstellungen in Zukunft spüren werden. Und sie sind diejenigen, die sich und ihre Vorstellungen im politischen System oftmals nicht ausreichend repräsentiert sehen. Wir möchten Kindern und Jugendlichen Gehör verschaffen, Beteiligung ermöglichen und sie als ernst genommene Mitgestalter unseres Gemeinwesens verstanden wissen. Wir sehen, dass junge Menschen politisches Interesse haben und leidenschaftliche Visionen, wie wir unser Zusammenleben in Zukunft gestalten sollten. Sie kommen in unserem Buch deshalb ebenso zu Wort wie die Älteren. Menschen aus Kunst und Kultur ebenso wie Sportler*innen, Journalist*innen ebenso wie Engagierte in NGOs, Menschen aus der Gastronomie ebenso wie Politiker*innen, Influencer*innen ebenso wie Philosph*innen, denn ohne Streit, sagte der Soziologe Ralf Dahrendorf, gibt es keinen Fortschritt. Nur wenn wir unsere Argumente aneinander schärfen, können sich Freiheit und Demokratie weiterentwickeln.

Was braucht ein guter Streit? DIE ZEIT hat es einmal so formuliert: »Kritische Geister, die die aktuellen Verhältnisse nicht als unverrückbar hinnehmen. Eine Idee, die weiter reicht als der persönliche Nutzen des Streiters. Respekt für den Gegner und den Mut, starke Gefühle auszusprechen.«

Gerade in Zeiten, in denen uns eine Pandemie demokratische Zumutungen beschert, gehen die Meinungen weit auseinander bei der Gratwanderung zwischen Gesundheitsschutz und Freiheitsrechten. Da hilft es nicht, zu hyperventilieren. Denn das kommt nur denen entgegen, die die Demokratie wanken sehen wollen. Wut, die mit Gegenwut quittiert wird, führt uns nicht weiter. Die einzige Methode, die funktioniert, ist der Austausch von Argumenten und Perspektiven.

In diesem Sinne: Lassen Sie uns Ideen, Visionen, Thesen sammeln, Perspektiven erweitern und darüber nachdenken, lassen Sie uns streiten – zum Besten für unsere Demokratie!

Max Schmidt und Dr. Andrea Taubenböck
Vorstand Stiftung Wertebündnis Bayern

ES SIND DIE KLEINEN DINGE IM LEBEN

Von Julia Bomsdorf

Ich komme mir etwas komisch vor, mit 26 Jahren zu versuchen, Weisheiten über die großen Themen des Lebens zu vermitteln. Aber gleichzeitig hätte ich mir gewünscht, dass mir mal jemand vor zehn Jahren gesagt hätte, was ich teils schmerzlich habe lernen müssen.

Das Leben kann überfordernd sein in jederlei Hinsicht. Aber anstatt so schnell wie möglich einem Weg nachzulaufen, den andere einem vorgeben, plädiere ich für eine andere Herangehensweise: Stehen bleiben, durchatmen, ein Schritt nach dem anderen. Auch mal ein paar Schritte zurück und in eine andere Richtung gehen. Vor allem: jeder in seinem eigenen Tempo.

Meine Schulzeit war die meiste Zeit aushaltbar, aber geprägt von Druck und Stress, der mich noch heute manchmal in meinen Träumen wieder einholt. Glücklicherweise gab es aber auch damals Orte, an denen ich Gegenentwürfe zu diesem Leistungsdruck kennenlernen und erleben konnte, was entstehen kann, wenn Menschen zusammenkommen und ganz ohne Zwang versuchen, gemeinsam etwas für alle zu schaffen. Meine Schulzeit ebenso wie Aktivitäten in meiner Freizeit waren Lernerfahrungen, jedoch in unterschiedliche Richtungen. Starre Vorgaben, Leistungsdruck und »One size fits all« war nicht, was ich wollte und konnte, auch wenn es zunächst bequem war, den Vorgaben nachzugeben. Gemeinsames Arbeiten, Diskutieren und Entscheiden auf allen Ebenen wiederum waren produktiv und positiv, auch wenn es lang dauerte und viel Arbeit bedeutete. Denn in einer Gesellschaft gibt es unzählige diverse Menschen, Meinungen und Bedürfnisse.

Nach dem mühsam geschafften Abitur hatte ich erst mal keinen Plan. Die Noten reichten nicht für das zunächst angestrebte Psychologiestudium, andere Studienfächer interessierten mich nicht, und nach einem der vielen frustrierten Nachmittage zu Hause auf dem Sofa stieß ich zufällig auf die Möglichkeit, ein Freiwilliges Kulturelles Jahr (FKJ) zu absolvieren. Das nun folgende Jahr war voll neuer, praktischer Erfahrungen und bereicherndem Austausch. Durch eine Seminarleiterin erfuhr ich vom Studiengang »Europäische Ethnologie«, Kulturwissenschaften, ein Studiengang ohne Zulassungsbeschränkung, für den ich mich nach dem FKJ am letzten Tag der Anmeldefrist spontan eintrug. Das Studium war geprägt von Lesen, Schreiben und Diskutieren, und das Wichtigste war dabei für mich: Ich konnte mir meine Seminare danach aussuchen, welche Themen mich wirklich interessierten. Gender Studies, die Ursprünge der Technomusik und Border Studies waren jetzt Inhalte meines Stundenplans.

Während meines Studiums arbeitete ich für einige Zeit im Münchner Feierwerk, einer Konzert- und Kulturstätte, war als DJ in verschiedenen Bars und Clubs tätig und merkte mehr und mehr, welche Faktoren Einfluss auf unser Leben haben. Viele davon sind Dinge, auf die wir keinen Einfluss haben, wie unser Geschlecht, unsere Herkunft, wie viel Geld unsere Eltern haben, unsere sexuelle Orientierung. Und weil ich Kommentare wie »Für eine Frau hast du einen echt guten Musikgeschmack« satthatte, gründete ich ein Kollektiv für Frauen und nichtbinäre Menschen – also Personen, die sich weder in der Kategorie Mann noch in der Kategorie Frau verorten können oder wollen – in der Musikszene, WUT. Der Name war Programm, denn wir waren alle wütend über Benachteiligung, Belästigung und Gewalterfahrungen, die wir erlebt hatten. Wir organisierten Partys, Workshops, Netzwerktreffen und mehr – es tat unglaublich gut, sich nicht mehr so allein zu fühlen. Nach meinem Studium begann ich, in der Beratungsstelle LeTRa als »Fachperson für

Öffentlichkeitsarbeit« zu arbeiten. LeTRa berät lesbische, bisexuelle und anderweitig nichtheterosexuelle Frauen* und Menschen mit Fragen um all diese Themen. Wie kann ich mich anderen anvertrauen? Was kann ich tun, wenn meine Familie meine sexuelle Orientierung nicht akzeptiert? Auch Menschen, die wegen ihrer sexuellen Orientierung aus ihren Heimatländern geflohen sind, z. B. aus Uganda, finden hier Hilfe und Unterstützung.

Ein weiterer großer Teil von LeTRas Arbeit ist auch die Sichtbarmachung von Lebensformen, die nicht im Mainstream repräsentiert sind. LeTRa veranstaltet gemeinsam mit drei weiteren Münchner LGBTQ+-Vereinen den Münchner Christopher Street Day, ein großes Straßenfest und viele kleinere Veranstaltungen, die dazu beitragen, Diversität auch im Alltag und auf der Straße sichtbarer zu machen. Denn wer unsichtbar ist, wird auch kaum in Gesetzgebung und anderen wichtigen Entscheidungen berücksichtigt.

Ich habe das Privileg, nicht tagtäglich darüber nachdenken zu müssen, ob ich mich in Gefahr begebe, wenn ich zum Supermarkt laufe. Ich kann auf meinen Social-Media-Kanälen meine Meinung frei äußern, und meine Arbeitsstelle wird finanziert von der Stadt, in der ich lebe. Denn die Menschen, die hier in den Ämtern und im Rathaus die Entscheidungen treffen, finden es wichtig, dass es auch für Minderheiten Angebote gibt. Sie stehen für Vielfalt und Diversität ein. Das ist nicht überall so. In meiner Arbeit ist ein großes Thema, dass Menschen aus anderen Ländern nach Deutschland flüchten, weil sie in ihrer Heimat Angst um ihr Leben haben müssen. Weil sie anders aussehen, anders glauben, anders lieben, als das System und die Gesellschaft es vorsehen. Wie sich das anfühlen muss, kann ich mir nicht vorstellen. Dass wir hier dieses Geschenk haben, frei leben zu können, das müssen wir schätzen, aber auch schützen. Denn Demokratie lebt von der Beteiligung aller! Für mich war das aber lange Zeit alles eher abschreckend. Komplizierte Verfahren, Bundestag, Landtag, Gremien und Ausschüsse – was hat das denn mit mir zu tun? Irgendwann habe ich aber gemerkt, dass Politik ja so viel mehr ist, als man im Sozialkundeunterricht mal gelernt hat. Politik erstreckt sich in alle Bereiche des Lebens, aber das ist keine Einbahnstraße. Auch jede Einzelperson kann aus jeder Position heraus selbst etwas zurückgeben. Das geht von der Abstimmung bei Wahlen bis zum Teilen einer Petition im Internet.

Wenn ich auf mein bisheriges Leben zurückschaue, sehe ich, dass all das, was mich an den Punkt gebracht hat, an dem ich heute stehe, Teil einer lebendigen Demokratie ist. Die Möglichkeit auszuwählen, was ich machen möchte. Mich für Themen einzusetzen, die mir wichtig sind. All das ist politisch, abseits von komplizierten Verfahren, hohen Ämtern und dem Karriereweg Politiker*in.

Demokratie bedeutet für mich auch, die Freiheit zu haben, mich gegen das zu entscheiden, was ich als Hauptbestandteil der Gesellschaft gesehen habe, das traditionelle Streben nach finanziellem Erfolg – und dabei zu entdecken, dass die Gesellschaft unzählige andere Seiten hat. Dafür setze ich mich weiter ein, dafür gehe ich wählen. Und dann bleibe ich kurz stehen, atme durch und gehe weiter.

Julia Bomsdorf wurde 1994 geboren und hat schon vieles gemacht: Partyveranstalter*in, DJ, Festivalkurator*in und seit 2019 Leiter*in der Öffentlichkeitsarbeit eines lesbisch-queeren Vereins und Pressesprecher*in des Christopher Street Day München.

Vereint werden Julias unzählige Projekte jedoch immer durch eines: den Anspruch an sich selbst, die Welt zum Besseren zu verändern. Feministisch, intersektional und queer.

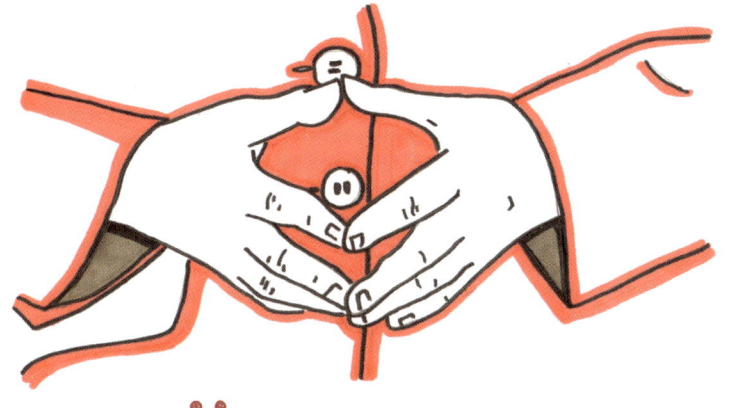

FÜR UNSERE DEMOKRATISCHEN WERTE EINSTEHEN

Von Jutta Speidel

Als ich den geplanten Titel des sich gerade im Werden befindenden Buches über Demokratie hörte und um meine Meinung dazu befragt wurde, musste ich erst mal schallend lachen. Ich fand ihn großartig und auch amüsant. Noch besser fand ich ihn, als ich die Hintergründe zu dieser Frage erfuhr und wer sie gestellt hatte. Völlig zu Recht hatte sich ein zehnjähriger Junge gefragt, ob Bundeskanzlerin eventuell auch ein Männerberuf sein und ob er diesen anstreben könnte. Er kannte ja nur unsere Bundeskanzlerin, ist in ihre Ära hineingeboren.

Für mich, die ich ein halbes Leben in Deutschland unter der Führung männlicher, mehr oder weniger glückvoller Bundeskanzler gelebt habe und erst als gestandene Frau in den Genuss kam, eine Kanzlerin an der Spitze unseres Landes zu erleben, stellte sich diese Frage als durchaus berechtigt dar.

Das Privileg, in einem Land leben und wählen zu dürfen, in dem die Demokratie im Grundgesetz verankert ist, wurde mir schlagartig

14

erneut bewusst. Als Bürgerin dieses Landes habe ich die Möglichkeit, in eine Partei einzutreten, inmitten von Parteimitgliedern meine demokratischen Parameter zu verteidigen und deren Umsetzung zu forcieren, egal, welcher Herkunft, welchen Geschlechts, welcher Hautfarbe und Religion ich bin, und mich zur Wahl des/der Bundeskanzler/in aufstellen zu lassen. Weltweit gibt es nicht viele Länder, in denen dies eine Selbstverständlichkeit ist.

Nehmen wir den Artikel des Wortes Demokratie, so ist dieser weiblich. Zumindest in unserer Sprache. Nun muss ich mich fragen, ob die Demokratie auch in ihrer Auslegung eher weiblich oder doch mehr männlich ist. Ein gefährliches Fahrwasser, besteht der Mensch doch aus Yin und Yang. Im Laufe seines Lebens wird er sich mehrfach mehr der einen und dann eben der anderen Seite zuwenden. Trauer, Tränen, Leid, Schwäche, Mitgefühl erscheinen einem eher auf der weiblichen Seite angesiedelt, und Zorn, Hass, Streitbarkeit, Rache, Verfolgung scheinen eher männliche Attribute zu sein. Aber stimmt das auch so?

Nein, selbstverständlich nicht. Welche und wie viele dieser Gefühle wir zulassen, liegt an uns selbst und hat nichts mit unserem Geschlecht zu tun. In uns stecken alle, und sie zeigen sich täglich in unserer Gesellschaft, egal, wie konsequent wir versuchen, die demokratischen Grundwerte zu leben.

Demokratische Grundwerte: Um die für mich wichtigsten zu nennen, beschränke ich mich wiederum auf fünf: Gleichberechtigung, Respekt, Loyalität, Würde, Verantwortung. Bei genauer Betrachtung dieser Werte sehe ich, dass es einen Überbegriff gibt, der sie alle beinhaltet, nämlich Freiheit.

Die Freiheit ist personifiziert und kann sich in ihrer Auslegung zum Guten wie zum Schlechten wenden. Sie kann sich in Würde zu den von mir angeführten vermeintlich weiblichen Gefühlen bekennen oder aber zu einer eher egoistischen, aggressiven Ich-Darstellung. Hier kommt die Selbstverwirklichung ins Spiel, ein hohes Gut, das uns in einem totalitären System verweigert wird. Das große Glück der Selbstverwirklichung beinhaltet ja auch, dass sie ein Beitrag zum Gemeinwesen sein kann. Ich habe die Freiheit, mit meinem Tun der Gemeinschaft Gutes angedeihen zu lassen. Dies bedeutet, dass ich die Gesellschaft mit Respekt, mit Würde betrachte. Ich trage die Verantwortung mit aller Loyalität und vermittle durch mein Tun eine Begegnung auf Augenhöhe. Diese Begegnung ermöglicht meinem Gegenüber, sich zu bilden, eigene Pläne umzusetzen, Mitstreiter zu finden, in der Gruppe Nützliches für das Gemeinwesen zu entwickeln, Ängste abzubauen und die legitime Freiheit der Entfaltung zu erleben, ohne dabei wie ein Systemsprenger im Kampf »aller gegen alle« kläglich zu enden. Halte ich mich an diese Grundwerte und lebe sie im besten Sinne, indem ich auch bereit bin, für deren Erhalt zu kämpfen, und mir die Freiheit der eigenen Meinung nicht nehmen lasse, werde ich nicht Gefahr laufen, durch Denunzierung anderer zerstört zu werden, denn meine Würde ist unantastbar. Ich erlaube mir, Angebote des Staates anzunehmen, sie zu nutzen und sie in verwandelter, dem Zeitgeist entsprechender Form dem Staat beziehungsweise der Gesellschaft wieder angedeihen zu lassen. In meinen Augen und nach meinem Verständnis ist das gelebte Demokratie.

Zum Abschluss möchte ich noch einmal auf die Frage des Jungen zurückkommen.

Meine Antwort wäre natürlich ein Ja. Aber ich wünsche mir, dass die nächste Person, die in dieses große und verantwortungsvolle Amt gewählt wird, ihr Yin und Yang gut auslotet. Ein heiliger Zorn, der einem festgefahrenen System begegnet, kann eine gewinnbringende Lüftung sein, immerhin heilbringender als so manches Gewaber. Ich wünsche mir eine mutige Person, eine unangepasste, in der Selbstverantwortung stehende Person, eine Person, die ungeniert weinen und lachen kann, eine Person mit größtem Weitblick, mit dem Herzen am rechten Fleck, die kraftvoll die Grundwerte unserer Demokratie verteidigt und umsetzt.

Wenn man die ungemein schwierigen Zeiten und Probleme dieser unserer Erde betrachtet, kann ich nur sagen, dass wir so schlecht nicht gefahren sind mit unserer ersten weiblichen Kanzlerin, und ich ziehe meinen Hut vor ihr.

Fortune für ihre Nachfolge.

Jutta Speidel, geboren 1954, ist Schauspielerin und Gründerin von HORIZONT e. V.

VERANTWORTUNG UND OFFENE KOMMUNIKATION

Von Charlotte Knobloch

Auch wenn ich als Präsidentin einer der größten jüdischen Gemeinden in Deutschland eine Vielzahl von Terminen wahrnehme, gibt es doch nichts, was mir mehr Freude bereitet als meine regelmäßigen Besuche an Schulen. Mit Politikern und Funktionären kann man sich austauschen – mit Schülern aber kann man wirklich *sprechen.*

Das gilt nicht zuletzt auch, weil junge Menschen glücklicherweise kein Blatt vor den Mund nehmen. Ich habe deshalb auch wiederholt erlebt, dass Schulklassen mir deutlich zu verstehen gaben, wenn mein als Pflichtveranstaltung angelegter Besuch sie eher störte als erfreute. Variationen des Satzes »Wir haben doch keine Schuld« waren nicht selten, und die dahinterstehende Frage, die bald ausgesprochen, bald unausgesprochen im Raum stand, war überaus klar: Was hat das alles mit uns zu tun?

Ich werte es als ermutigendes Zeichen, dass derartige Vorkommnisse in den vergangenen Jahren deutlich seltener geworden sind. Heute müssen nicht länger die Lehrer ihre Schüler zum Jagen tragen, es sind fast immer die jungen Leute selbst, die Gespräche mit Zeitzeugen anregen und diese oft hervorragend vorbereitet empfangen. Neugierde und Offenheit prägen die Begegnung, und statt von Schuld ist immer öfter von Verantwortung die Rede. Das alles sind gute Nachrichten für unsere Gesellschaft und für unsere Demokratie.

Wer Verantwortung für sich selbst, die Gesellschaft, in der er lebt, und letztlich für sein Land übernehmen will, der braucht Selbstbewusstsein. Fest steht: Fast niemand trägt heute mehr persönliche Schuld. Verantwortung hingegen tragen wir alle.

Verantwortung für Freiheit und Offenheit, für das Gedenken und die Demokratie, die daraus erwächst, ist jedem von uns aufgegeben – ganz gleich, woran er glaubt, wie alt er ist oder wo er lebt. Deutschlands Geschichte nach 1945 ist die Geschichte einer stabilen Demokratie, die mühsam erkämpft werden musste und die heute erhalten werden will.

Am dafür nötigen Selbstbewusstsein der Demokraten aber fehlt es noch immer. So ist mir völlig unverständlich, dass der Tag der Verkündung des Grundgesetzes (und damit Gründungstag der Bundesrepublik) am 23. Mai weiterhin kein Feiertag ist. Selbst im Jubiläumsjahr 2019, als unsere Demokratie ihr 70-jähriges Bestehen beging, bekamen viele Bürger von diesem besonderen Jubiläum überhaupt nichts mit – dabei ist die heutige Bundesrepublik der beste deutsche Staat, den es je gab. Und was die Identifikation mit den Symbolen unseres Staates angeht, so musste uns der Bundespräsident erst im Herbst 2020 erneut daran erinnern, dass Schwarz-Rot-Gold die Farben der Demokratie sind, die wir den Gegnern unserer freiheitlichen Gesellschaft auf eigene Gefahr leichtfertig überlassen.

Gewiss ist in unserem Land nicht alles perfekt, und unser Zusammenleben ist nicht ohne Herausforderungen. Als Repräsentantin der jüdischen Gemeinschaft kann ich aus erster Hand vom zunehmenden Antisemitismus berichten und von dem Hass, der zu Anschlägen wie in Halle geführt hat. Nicht nur mich besorgt, dass ein bemerkenswert großer Teil der Bevölkerung sein kostbarstes demokratisches Gut, seine Wahlstimme, an Gruppierungen hergibt, die sich gegen unsere Freiheit und unseren Wohlstand richten. Ihre Intoleranz und ihr Hass sind eine Gefahr, der wir uns gemeinschaftlich stellen müssen.

Das aber kann uns nur gelingen, wenn wir nicht selbst das Vertrauen in die Demokratie verlieren, die die unsere ist. Ohne Zuversicht, Optimismus und, ja, Stolz auf unser Land, seine Menschen und seine Errungenschaften werden wir auf Dauer nicht bestehen können. Der Angst und der gewaltsamen Verzagtheit müssen wir Demokraten mit Mut und einem offenen, aufgeklärten Patriotismus begegnen, der einlädt, anstatt auszuschließen. Unsere Werte müssen unser Leitstern sein. Wir selbst müssen wissen, was wir an unserer Gesellschaft haben, und wir dürfen nicht vergessen, was ihr vorausging. Das Gedenken erinnert uns an unsere Verantwortung, und nur diese Verantwortung sichert Demokratie auf Dauer. Daran, dass das uns und besonders den jungen Menschen schlussendlich gelingen wird, habe ich nach all meinen Jahren im Gespräch mit ihnen keinen Zweifel.

Dr. h. c. Charlotte Knobloch kam 1932 in München zur Welt. Sie überlebte als Kind die NS-Zeit, indem eine ehemalige Hausangestellte der Familie sie von 1942 bis 1945 auf ihrem Hof in Franken aufnahm und als ihr uneheliches Kind ausgab.

Nach Kriegsende kehrte sie nach München zurück. Sie wurde 1982 in den Vorstand und 1985 zur Präsidentin der Israelitischen Kultusgemeinde München und Oberbayern gewählt. Von 1997 bis 2006 war sie Vizepräsidentin sowie von 2006 bis 2010 Präsidentin des Zentralrats der Juden in Deutschland, dazu von 2003 bis 2011 Vizepräsidentin des European Jewish Congress. Von 2005 bis 2013 amtierte sie zudem als Vizepräsidentin des World Jewish Congress, dem sie seit 2013 als Beauftragte für Holocaust-Gedenken weiter verbunden ist. Sie ist seit 2005 Ehrenbürgerin der Landeshauptstadt München, seit 2008 Trägerin des Großen Bundesverdienstkreuzes, seit 2009 Schirmherrin des Ernst-Ludwig-Ehrlich-Studienwerkes und seit 2011 Ehrensenatorin der Hochschule für Jüdische Studien Heidelberg.

GURLZ WITH CURLZ –
WE ARE MORE THAN STEREOTYPES

Von Linda Nübling

Demokratie ist ein sehr großes Wort. Die erste Assoziation, die mir hierzu in den Sinn kommt, ist »mitbestimmen«. Ja, mitbestimmen. Aber was ist mitbestimmen eigentlich? Ist es, zu Wahlen zu gehen? Auf Demonstrationen? Hat es nur im politischen Kontext Gewicht, oder kann ich wirklich auch als Einzelperson in meinem oder dem Leben anderer mitbestimmen?

Ich habe mich 2017 dazu entschlossen, mitbestimmen zu wollen, obwohl mir das zu diesem Zeitpunkt noch gar nicht richtig bewusst war. Ein Freund fragte mich, ob ich zu einer von ihm organisierten Ausstellung etwas beitragen wolle, und ich sagte spontan Ja. Doch da ich niemand bin, der gerne Dinge wiederholt, wollte ich etwas Neues schaffen. Etwas mit Bedeutung. Und da ploppten sie wieder auf, diese kleinen, leisen, subtilen, fast unschuldigen Fragen, die mich schon seit meiner Kindheit begleiten: »Darf ich mal deine Haare anfassen? Woher kommst du ursprünglich? Kannst du eigentlich einen Sonnenbrand bekommen?«

So unbedeutend für manche und doch so tiefgreifend für viele Menschen in Deutschland. Nämlich für Menschen mit afrodiasporischen Wurzeln. Für sie sind es nicht nur einfache Fragen. Nein, für sie ist das ein Eingriff in ihre Intimsphäre, in ihr Innerstes. Ihre Daseinsberechtigung wird damit infrage gestellt, ihr Nicht-Dazugehören betont, ihr Andersseins und Fremdsein im eigenen Zuhause. Für PoC (People of Color) und BIPoC (Black Indigenous People of Color) sind diese Konfrontationen Tröpfchenfolter. Jeden Tag. Immer wieder. Diese alltägliche, vielseitige und unscheinbare Form von Rassismus.

Das habe auch ich so bis zu meinem 25. Lebensjahr empfunden und versucht, mich von einem Teil meiner Identität abzuwenden, um einfach dazuzugehören. Zu einer weißen Mehrheitsgesellschaft. Doch dann gab es einen Wendepunkt. Ich lernte Menschen aus der Schwarzen Community kennen. Menschen wie mich, denen es auch so ergangen war. Zwar nicht exakt gleich, aber sehr ähnlich. Das hatte etwas Heilsames. Und genau aus diesem Grund habe ich GURLZ WITH CURLZ e. V. gegründet. Denn ich denke oft darüber nach, was ich wohl für ein Mensch geworden wäre, hätte ich schon in der Schule Zugang zu meiner Geschichte gehabt. Oder Menschen im öffentlichen Leben gesehen, mit denen ich mich als kleines Mädchen hätte identifizieren können. Wenn all diese Informationen zur Schwarzen Geschichte viel leichter zugänglich gewesen wären und wenn ich gewusst hätte, wie ich mich gegen Alltagsrassismus hätte behaupten können.

Mit GURLZ WITH CURLZ möchte ich nun meinen Teil zu einem demokratischen Miteinander leisten und mitbestimmen. GURLZ WITH CURLZ möchte zeigen, dass die Schwarze Community mehr ist, als nur eine Antwort auf Rassismus, ohne diesen zu ignorieren. Es geht um Repräsentanz, Wissen, Verbundenheit, Austausch und das Herausstellen der positiven Aspekte unserer Community. Wir möchten aufklären und sensibilisieren. Wir schaffen Räume für Begegnungen und nutzen die Kunst, um sichtbar zu machen, was unsichtbar ist. So entsteht Verständnis durch Dialog. GURLZ WITH CURLZ ist ein Ort der Verbundenheit und der Liebe.

Und genau das hat vor allem eine identitätsstiftende Wirkung. Seitdem es uns gibt, bekommen wir täglich Zuschriften, in denen Menschen ihre Dankbarkeit zum Ausdruck bringen, kollaborieren oder Mitglied werden wollen. Sie fühlen sich endlich repräsentiert, gesehen und als Teil dieser Gesellschaft und freuen sich sehr darüber. Es bewegt sie dazu, selbst aktiv zu werden. Sie gehen Gespräche, Konflikte und Diskussionen in ihrer Umgebung ein, die sie zuvor aus Angst oder zu viel Schmerz vermieden hätten. Daher, denke ich, erfordert es Courage, um ein Teil einer Demokratie zu sein. Es bedeutet, Dinge zu tun, die die Intention haben, sich selbst und das eigene Umfeld positiv zu beeinflussen. Das kann ein Gespräch sein, zur Wahl gehen, sich zu engagieren, Menschen bei ihren Projekten zu unterstützen und vieles mehr. Demokratie ist, mitzubestimmen als Einzelner. Manchmal ganz laut und manchmal ganz leise, aber nie schweigend.

GURLZ WITH CURLZ e. V. ist ein anerkannter gemeinnütziger Verein für Kunst und Kultur, der einen Raum für die Erfahrungen Schwarzer Frauen in Deutschland schafft und sich für die Repräsentation ihrer Lebensrealitäten einsetzt. Im Mittelpunkt steht das GURLZ WITH CURLZ-Magazin, das einmal jährlich erscheint und vom Verein selbst herausgegeben wird. Ausstellungen, Events, Lesungen und vieles mehr sind ebenfalls Teil der Arbeit von GWC. Wir möchten deutsche Schwarze Geschichte mitschreiben. Für jetzt und die Zukunft.
www.gurlzwithcurlz.de

ADAM ODER EVA?

Von Marie Theres Relin

»Wer ist denn auf dem Bild Adam und wer Eva?

»Weiß ich doch nicht. Die haben ja keine Kleider an.«

»Können Männer auch Kanzlerin werden?«

»Du stellst Fragen! Nein.«

»Warum nicht?«

»Männer haben nun mal keine Eierstöcke.«

»Die Kanzlerin muss aber derart ihren Mann stehen, dass man meinen könnte, sie hätte Eier.«

»Genau darin liegt das Problem.«

»Welches Problem?«

»Eine Kanzlerin passt sich der Männerwelt so sehr an, dass auch sie vergisst, dass es mit der Quotenfrau allein nicht getan ist.«

»Du meinst, ihr wächst ein Penis?«

»Vor 120 Jahren argumentierte der Mediziner Rudolf von Virchow gegen die Gleichberechtigung der Frau: *Alles, was wir an dem wahren Weibe Weibliches bewundern und verehren, ist nur eine Dependenz der Eierstöcke.*«

»Was willst du mir damit sagen?«

»Er vermutete, das Gehirn einer Frau würde in erster Linie in der Gebärmutter schlummern.«

»Aha. Und es sind gerade mal 100 Jahre, dass Frauen in Deutschland wählen dürfen. 100 Jahre weibliche Demokratie? Dass ich nicht lache.«

»Und wie viele Jahre ist es her, dass in unserem Grundgesetz verankert wurde: *Männer und Frauen sind gleichberechtigt. Der Staat fördert die tatsächliche Durchsetzung der Gleichberechtigung von Frauen und Männern und wirkt auf die Beseitigung bestehender Nachteile hin?*«

»Das weiß ich doch nicht!«

»70 müde Jahre! Lächerlich. 70 Jahre in der Geschichte, was ist das schon?«

Marie Theres Relin, geboren 1966, ist eine österreichisch-schweizerische Schauspielerin, Autorin und Journalistin. Sie ist Initiatorin von *Hausfrauenrevolution.com*. Mit vier Sprachen, Kreativität, Charisma und zäher Ausdauer mäanderte sie sich durch die unterschiedlichsten Berufe – vom Nichtraucher-Coach bis zur Filmvorführerin – und das Leben.

»Aber, hallo, stimmt das wirklich? Gleichberechtigt! Vor 50 Jahren forderten Frauen die Gleichberechtigung und Emanzipation mit Gebrüll.«

»Haha, und erst 1971 wurde das Frauenstimmrecht in der Schweiz eingeführt.«

»Und heute – im Jahr 2021! – verdienen Frauen immer noch weniger als Männer!«

»Nicht dein Ernst?«

»Doch, und zwar um satte 20 Prozent.«

»Nicht möglich! Aber in der Verfassung steht doch ...?«

»Selbst bei gleicher Qualifikation und gleicher Leistung liegt der Unterschied noch immer bei sechs Prozent!«

»Fuck you! Aber immerhin dürfen Frauen studieren und ein selbstbestimmtes Leben führen, sie dürfen Karriere machen, und sie können auch Kanzlerin werden.«

»Allerdings ohne Kinder – die stören dabei nur.«

»Aber jeder von uns hat eine Mutter daheim.«

»Jaja. Mütter sind die Basis der Gesellschaft. Ohne Mütter gäbe es weder die Gesellschaft noch dich und mich.«

»Stimmt.«

»Aber wenn eine Frau sich für Kinder entscheidet, steht sie automatisch vor einem großen Fragezeichen.«

»Entweder macht sie einen Spagat und vereint Beruf, Familie und Hausfrauen-Dasein.«

»Oder sie bleibt zu Hause und widmet sich der Erziehung.«

»Peng. Wenn die Frau ausschließlich für ihre Kinder da ist, mutiert sie schnell zur ›Nur-Hausfrau‹ – und sei sie noch so studiert.«

»Sie verdient nichts mehr, kann somit nichts in die Altersvorsorge einzahlen und ist finanziell abhängig von ihrem Ehemann.«

»Bingo. Und schon winkt die Altersarmut.«

»Die größte Berufsgruppe in Deutschland sind 15 Millionen Hausfrauen.«

»Haha, Berufsgruppe! Familienarbeit wird weder finanziell noch gesellschaftlich anerkannt. Arbeit wird mit Bezahlung gleichgesetzt.«

»Frauenarbeit wird weltweit qualtitativ und quantitativ unter-
schätzt. Andererseits sind Mütter aber die größten Konsumenten, denn
sie benötigen wirklich alles, vom Auto über den Blumenkohl bis zur
Windel.«

»Jaja, ein Wirtschaftsfaktor und ein Dilemma zugleich.«

»Wir sind weit von Gleichberechtigung entfernt.«

»Die Hoffnung liegt also bei den jungen Frauen, dass sie sich auf
dem Arbeitsmarkt und innerhalb der Familie die gleichen Chancen
wie Männer erkämpfen?«

»Oder in den jungen Männern, dass sie die Betreuung der Kinder
und Hausarbeit für so selbstverständlich nehmen, wie Mütter das schon
immer tun!«

»Und das Ganze immer schön auf gleicher Augenhöhe!«

»Denn dann ist es auch egal, ob zukünftig ein Mann Kanzlerin oder
die Kanzlerin zum Mann wird.«

»Wer ist denn nun der Adam und wer die Eva?«

»Weiß ich doch nicht, die haben ja keine Kleider an.«

DEMOKRATIE (HEUTE) LEBEN – UND SCHÜTZEN!

Von Rainer Maria Schießler

Der Satz, auf eine Kreidetafel geschrieben in einem Ladencafé in Konstanz, sprang mir sofort in die Augen, hat mich gefesselt – junge Leute würden sagen »geburnt« – und nicht mehr losgelassen, bis heute. Er lautet: »Um die Demokratie musst du dich kümmern, solange du sie hast; wenn sie mal weg ist, wird es zu spät sein!« Mir fällt sofort das berühmte, dem ehemaligen britischen Premierminister Winston Churchill zugesprochene Zitat von der »Demokratie als der schlechtesten Staatsform, ausgenommen aller anderen« ein. Es bringt einen wichtigen Sachverhalt auf den Punkt: Nirgendwo gibt es eine perfekte Demokratie, aber trotz der allgegenwärtigen Kritik ist die Demokratie das erfolgreichste Verfahren zur friedlichen Konfliktlösung, das wir kennen.

Als Pfarrer bin ich nun ein Religionsvertreter und als katholischer Pfarrer auch noch Mitglied und Amtsträger einer zuerst einmal hierarchischen (und nur in einigen Nebenbereichen auch demokratischen) Strukturgemeinschaft. Meine Haltung ist demokratisch, auch wenn sie nicht die Organisationsform meines Dienstherrn ist. Bei der sakramentalen Weihe (Diakon, Priester, Bischof) und der Vorstellung der Weihekandidaten wird immer in der Weiheliturgie die Frage an den verantwortlichen Priester oder Bischof gestellt, ob die Kandidaten denn würdig seien für das neue Amt. Die Antwort heißt dann feierlich: »Das Volk und die Verantwortlichen wurden befragt, und ich bezeuge, dass sie sie für würdig halten.« – An der Stelle der Liturgie denke ich mir dann immer, dass das ja gar so demokratisch klingt, nur: Befragt hat mich jetzt dann auch keiner! Also wieder mal nur Scheindemokratie?

Gerade jetzt, in Zeiten der Reformbewegungen, spätestens seit dem Zweiten Vatikanischen Konzil und dem »Synodalen Weg«, den wir in unserem Land in unserer Kirche begonnen haben, wird zu meinem großen Unmut immer wieder von bestimmten konservativen Gruppierungen davor gewarnt, die Kirche bitte ja nicht zu demokratisieren! Wie bitte? Es tut mir als einem leidenschaftlichen Demokraten bis ins Mark hinein weh, wenn die demokratischen Strukturen einer Gemeinschaft als gefährlich für meine Kirche hingestellt werden. Im Gegenteil: Nur ein konsequenter und demokratisch gedachter Weg ist ein Weg in die Zukunft unserer Kirchen. Es ist schlichtweg einfach nicht mehr vertretbar, dass unsere Mitglieder nicht mitsprechen und mitentscheiden sollen, wer ihre Gemeinden leitet, welche Strukturen ihre Kirche haben und vertreten soll und wer ihre Hirten (Bischöfe) sein sollen.

Für eine gesunde Demokratie ist das Wertebewusstsein in einer Gemeinschaft wie einem Staat unerlässlich. Diesem Bewusstsein hat die ganz besondere Sorge der Kirchen und Religionen in unserem Land zu gelten. Frieden, Freiheit, Gleichheit, Solidarität und Toleranz, Respekt voreinander und Sensibilität füreinander sollen alle Religionsschaffenden kennzeichnen. Jede gegenseitige Verurteilung, nach dem Motto »Du glaubst falsch!«, ist so nicht nur unerträglich, sondern auch zerstörend für das gesamte Gemeinwohl.

»Niemand wird mit Religion geboren« sagt der Dalai-Lama – und er hat recht! Nicht mit Religion, aber mit der Kraft zu glauben und als ein fürsorgliches Wesen zu leben, kommt der Mensch auf die Welt. Diese Befähigung in einem Menschen auszubilden, dafür tragen die Religionen Verantwortung, und sie sollen sich dabei am besten an Eifer übertreffen, aber nicht gegenseitig verurteilen oder sich für andere politische Zwecke missbrauchen lassen. Religion ist und bleibt immer Menschenwerk, aber ein höchst verantwortliches!

In diesem Sinne sind wir Religionen und Kirchen einerseits der Demokratie immer verpflichtet, können aber auch erst dann wirklich frei und für den Menschen bereichernd da sein, wenn uns eine stabile und freie demokratische Gesellschaftsform den Raum dazu gibt. Die Demokratie gewährt uns Religionsschaffenden die Möglichkeit, den Menschen in seinem innersten und sensibelsten Kern anzusprechen, denn um nichts anders geht es, wenn wir von Glaube, Sitte, Ethik,

Moral oder Anstand reden. Im Gegenzug tragen wir mit unserer Glaubensverkündigung und unserem christlichen Wertekodex dazu bei, dass die Strukturen in dieser Demokratie immer auch durch unser Vorbild gestärkt und aufgebaut werden. Dabei geht es hier nicht um Geschwindigkeit, sondern um echte Aufmerksamkeit, wie schon J. W. von Goethe feststellt: »Die Demokratie rennt nicht, aber sie kommt sicherer zum Ziel.«

Pfarrer Rainer Maria Schießler, geboren am 7.10.1960 in München, machte das Abitur 1980 in München am Wittelsbacher Gymnasium, studierte katholische Theologie in München und Salzburg mit Abschluss Diplom. Die Priesterweihe war 1987 in Freising, und seit 1993 ist er Stadtpfarrer in München St. Maximilian.

Lassen wir uns bei dieser sehr hoch angesetzten Aufgabenstellung nie entmutigen und orientieren wir uns vielmehr an der sehr nüchtern formulierten, aber doch hilfreichen Weichenstellung des deutschen Schriftstellers und Philosophen Ludwig Marcuse: »Das Traurige an unserer Zeit ist nicht, was sie nicht erreicht, sondern was sie nicht versucht. Im Versuchen aber liegt der echte Idealismus.«

VERKEHRTE WELT?

Von Verena Bentele

»Controller fordern Anerkennung!« – »IT-Spezialisten in Angst vor Altersarmut!« – »Schluss mit den Hungerlöhnen von Anwälten!« Du kennst diese Schlagzeilen nicht? Sie kommen dir sogar absurd vor? Kein Wunder, denn sie stammen aus einer anderen, manche würden sagen: aus einer verkehrten Welt. Doch schau dich doch einmal kurz mit mir in dieser Welt um, die anders tickt als unsere. Eine, in der die gesellschaftliche Relevanz eines Berufs anders definiert wird. Sorge- und Pflegetätigkeiten oder Dienstleistungen würden hier als zentral angesehen, deshalb wären sie deutlich besser bezahlt. Und keiner käme auf die Idee, das eine »Ungerechtigkeit« zu nennen. Selber schuld, wer sich in miesen Jobs kaputtmacht. Die Klagen wären andere, aber klingen doch bekannt. Es gäbe nämlich immer weniger Menschen, die den beschwerlichen Beruf eines Controllers ergreifen wollten. Zu viel Arbeit und Verantwortung für zu wenig Bezahlung sei das, höre ich die betroffenen, meist männlichen Angestellten klagen. Jeder kleine Zahlendreher, der aufgrund des Arbeitsdrucks passiert, habe schließlich fatale Folgen, sagen sie. Dazu die Ungewissheit, weil es immer nur befristete Stellen gibt. Dem wollen sich immer weniger junge Männer ausliefern. Doch stopp. Ersetze bitte ganz schnell die in den Schlagzeilen genannten Berufe mit den Wörtern »Pflegekräfte«, »Erzieherinnen« oder »Paketfahrer«. Schon haben wir die Welt, wie wir sie kennen, wieder zurück. Für Pflegekräfte reicht ein Klatschen, für Frauen das kleinere Gehalt, für Ausfahrer der Mindestlohn.

Gefällt dir das auch nicht? Mir geht es genauso. Deswegen schlage ich vor, die Corona-Zeit, die alles kräftig durcheinandergeschüttelt hat,

zum Anlass dafür zu nehmen, berufliche Klischees zu überdenken. Junge Menschen sind, das weiß ich aus zahlreichen Gesprächen, durchaus offen für andere Karrierewege. Sie wollen anpacken, raus aus der Schule, rein ins Leben. Doch die Tür zu sozialen Berufen machen sie gar nicht erst auf. Weil sie wissen, dass bei der Karriere hier oft schnell das Ende der Fahnenstange erreicht ist. Und weil sie kaum eine Vorstellung davon haben, wie es ist, im Sozialbereich zu arbeiten. Sie hören nur von fragwürdigen Arbeitsbedingungen, mieser Bezahlung und frustrierten Kollegen.

Es hilft aber gar nicht, darüber zu jammern, dass keiner mehr »was mit Menschen« machen möchte. Wir müssen den Einstieg in soziale Berufe attraktiver machen. Wir brauchen also ein gutes Marketing für neue Berufswege. Ein Weg zu gutem Marketing ist das Sammeln von Erfahrungen. Daher sollten Politik und Anbieter dringend die Freiwilligendienste ausbauen, wie es der Sozialverband VdK fordert. Zunächst müssen mehr Stellen für Freiwilligenarbeit geschaffen werden, denn zurzeit übersteigt die Nachfrage deutlich das Angebot. Wir brauchen für diese Dienste gute pädagogische Begleitung, denn oft genug werden junge Menschen mit ihren Erfahrungen allein gelassen. Das bisherige Taschengeld von 402 Euro muss kräftig angehoben werden. Kostenlose Bahnfahrten und günstige Wohnangebote müssen ins Gesamtpaket geschnürt werden.

Es ist wie beim Essen. Nur wenn ich es probiert habe, weiß ich, ob es mir schmeckt und welche Gewürze mir fehlen. Ich vertraue auf die Neugierde und Begeisterungsfähigkeit junger Menschen. Da müssen wir ansetzen. Und parallel die Berufe neu in ihrer Wertigkeit einsortieren, durchaus gemessen an ihrer sozialen Relevanz. Ich persönlich wünsche mir eine Arbeitswelt, in der alle ein angemessenes und gutes Auskommen haben – und richtig Spaß am Job. Vom Controller bis zur Erzieherin.

Verena Bentele ist ehemalige deutsche Biathletin und Skilangläuferin, die von 1995 bis 2011 vierfache Weltmeisterin und zwölffache Paralympics-Siegerin wurde. Seit 2018 ist sie Präsidentin des Sozialverbands VdK Deutschland.

» Demokratie lebt von Meinungsvielfalt, Kompromissen und gemeinsamen Lösungen. «

Prälat Dr. Peter Neher

SELBST UND STÄNDIG

Von Andrea Pfundmeier

Während viele Menschen sicherlich schon von klein auf wissen, was sie werden wollen, war das bei mir nie ganz klar. Ich gehörte in der Schule zu den Generalisten, die die durchweg guten Noten ohne Ausreißer nach oben oder unten hatten. Ich hatte breit gefächerte Interessen und fand Physik so spannend wie Erdkunde und Englisch so interessant wie Chemie. Nach dem Abitur studierte ich Rechts- und Wirtschaftswissenschaften an der Universität Augsburg, und als das Ende meines Studiums nahte, wusste ich immer noch nicht, wie mein Traumberuf aussehen sollte. Was ich aber wusste, war, dass ich nicht nur einen Beruf, sondern meine Berufung suche. Dass ich etwas machen will, das mich bewegt und das in der Welt Bedeutung hat. Dass ich mit Menschen zusammenarbeiten möchte, die ich mag. Und dass ich meine Arbeitswelt – und damit meine eigene Welt – selbst gestalten will.

Als Kind zweier Konzernmitarbeiter kannte ich immer nur die Welt der Angestellten und konnte mich damit nie richtig identifizieren. Per

Zufall habe ich dann gemerkt, dass das Gründen eines Unternehmens genau das ist, was ich gesucht habe. Direkt nach Abschluss meines Studiums habe ich daher mein eigenes Unternehmen gegründet und gemerkt, dass das Unternehmertum eine ganz schöne Herausforderung ist.

In den ersten Monaten und Jahren nach der Gründung bestand mein Tag komplett aus arbeiten. Ständig und selbst – das beschreibt es ziemlich genau. Nicht nur die spannenden Aufgaben wie Investorensuche oder Personalgespräche, sondern auch alle Kleinigkeiten wie Kaffeemaschine reinigen oder Buchhaltung erledigen.

Zudem kam jeden Tag eine beunruhigende Ungewissheit dazu: Würde unsere Idee am Markt Erfolg haben? Können wir das ganze Projekt irgendwie finanzieren? Können wir die richtigen Mitarbeiter gewinnen? Und wie können wir Kunden von unserem Produkt überzeugen? Je größer das Unternehmen wurde, desto mehr stieg der Druck. Nun mussten wir nicht nur uns selbst bezahlen, sondern auch unsere Mitarbeiter, die sich mit ihren Familien darauf verließen, dass pünktlich zum Monatsende ihr Gehalt auf dem Konto war. Als Gründerin und Geschäftsführerin hatte ich in den vergangen zehn Jahren so manche schlaflose Nacht, in der ich Probleme und Gedanken gewälzt habe.

Allerdings kann ich die Tage, an denen ich nicht gern zur Arbeit gegangen bin, an einer Hand abzählen. Was nämlich zählt, ist, dass die vergangenen zehn Jahre seit unserer Unternehmensgründung die besten und spannendsten Jahre überhaupt waren. Viele Entscheidungen waren schwierig, aber mir war bei jeder Entscheidung bewusst, welch immense Freiheit darin liegt, dass ich diese Entscheidung selbst treffen kann. Ich sitze am Lenkrad und kann selbst entscheiden, in welche Richtung es geht. Ich kann die Themen vorantreiben, die mir wichtig sind – angefangen bei einer wertschätzenden Arbeitsumgebung für all meine Mitarbeiter über unser Herzensthema Datenschutz bis hin zu der Aufgabe, junge Menschen für die Unternehmensgründung zu begeistern. Als Unternehmerin ist mir täglich bewusst, dass ich selbst die Verantwortung für mein Leben trage.

Zudem sind Freiheit und Selbstbestimmung zwei Werte, die schon immer sehr wichtig für mich waren; ich genieße jeden Tag, dass ich frei und selbstbestimmt handeln kann.

Mein Fazit nach zehn Jahren als Unternehmerin? Eine Gründung ist ziemlich arbeits- und lehrreich, amüsant, stressig, holprig – aber einfach nur verdammt große Klasse. Und auf jeden Fall der beste Weg, die Zukunft selbst zu gestalten.

Demokratie hat mit Transparenz zu tun, aber auch mit dem Schutz der Privatsphäre, das gilt in Zeiten der Digitalisierung mehr denn je. Mit dem, was ich heute mache, trage ich dazu bei, dass Daten verschlüsselt werden und mehr Sicherheit möglich ist. Das sind zutiefst demokratische Werte, und ich freue mich, wenn ich diese mit meiner Arbeit stärken kann.

Andrea Pfundmeier (geb. 1987) hat 2011 gemeinsam mit Robert Freudenreich die Secomba GmbH mit Sitz in Augsburg gegründet. Das Unternehmen entwickelt die cloud-optimierte Verschlüsselungslösung Boxcryptor, die bereits von Kunden in über 190 Ländern weltweit eingesetzt wird.

Die studierte Rechts- und Wirtschaftswissenschaftlerin wurde für ihr Engagement u. a. mit dem Deutschen Gründerpreis 2013 ausgezeichnet und stand 2017 auf der Forbes 30 Under 30-Liste.

AUSSERGEWÖHNLICHE BEZIEHUNGEN

Von Sandra Simovich

Bevor ich als Siebenjährige nach Israel kam, wuchs ich unter einem kommunistischen Regime in Rumänien auf. Die Ankunft in Israel war für meine Eltern eine Befreiung, aber auch sehr schwierig. Die Einwanderung in ein neues Land mit einer neuen Sprache und Kultur ist mit vielen Herausforderungen verbunden, die vor allem der ersten Generation viel abverlangen.

Auch ich erinnere mich daran, dass die ersten Jahre für mich nicht einfach waren. Aber Israel ist ein Einwanderungsland, das viel Erfahrung mit der Integration von Neuankömmlingen hat. Besonders hilfreich ist, dass Jüdinnen und Juden seit der Staatsgründung das Recht haben, israelische Staatsbürger*innen zu werden, und nicht auf eine Aufnahmezusage hoffen müssen. Dieses Prozedere trägt dazu bei, dass Neueinwanderer*innen sich schnell israelisch fühlen und stolz auf ihre neue Heimat sind. Dabei geben sie die Verbindung zu ihrem Geburtsland und seiner Kultur nicht auf.

In der Schule lernte ich schnell Hebräisch, und mir wurde das Gefühl gegeben, dass ich auch als Neueinwanderin in Israel alles werden kann.

Auch der Posten der Premierministerin wäre möglich. Ich bin studierte Anwältin, entschied mich aber für eine diplomatische Karriere. Und bis heute bereitet es mir große Freude, meine Heimat im Ausland vertreten zu können – erst als Vizebotschafterin in Rumänien, dann als politische Beraterin in Berlin und zuletzt als Generalkonsulin in München.

Die deutsch-israelischen Beziehungen sind aufgrund der Vergangenheit außergewöhnlich. Dies bedeutet heute, dass sie außergewöhnlich eng sind. Eine Tatsache, die meine Tätigkeit als israelische Repräsentantin sehr vielseitig und spannend macht. Ich schätze die guten und professionellen Kooperationen mit all unseren Partnern zum Beispiel im Wirtschafts-, Kultur- und Bildungsbereich sehr. Aber für manche Deutsche scheint es immer noch ungewöhnlich, eine Frau in einer Führungsposition zu sehen. So wurde ich schon mal auf einer offiziellen Veranstaltung als »charmante Dame« bezeichnet. Dieses vermeintliche Kompliment sorgte bei mir für Unbehagen. Es gab mir das Gefühl, dass eine Frau eigentlich nicht in eine Position mit Entscheidungsgewalt gehöre, sondern freundlich und hübsch zu sein habe. Auch dass mein Mann mich auf meinen Auslandsmissionen begleitet, wird als ungewöhnlich wahrgenommen.

Gerade in Bayern fällt mir auf, dass viele Frauen, wenn sie Kinder bekommen, ihren Beruf ruhen lassen oder nur wenige Stunden arbeiten. Israel ist in dieser Weise sehr osteuropäisch geprägt. Die Mehrheit der israelischen Frauen macht maximal eine sechsmonatige Pause nach der Geburt, bevor sie wieder an ihren Arbeitsplatz zurückkehrt. Das liegt auch daran, dass es in Israel bezahlten Mutterschutz für lediglich drei Monate gibt. Für viele Israelinnen ist eine berufliche Karriere neben der Familie eine Selbstverständlichkeit. Auch meine Mutter war immer berufstätig.

Meine Tochter dient gerade in der israelischen Armee. Wenn ich dies in Deutschland erzähle, reagieren viele schockiert oder demonstrieren Mitleid. In Israel würde mir das nie passieren. Die israelische Armee ist eine Volksarmee, deren erklärtes Ziel es ist, alle Bevölkerungsteile teilhaben zu lassen, und die zum Beispiel auch Menschen mit Behinderung ermöglicht, ihren Wehrdienst zu leisten. Die Wehrpflicht für junge Männer und Frauen ist ein essenzieller Teil des Erwachsenwerdens und ein wichtiger Abschnitt im Lebenslauf. In diesen Jahren lernt man, Verantwortung zu tragen – für sich selbst und vor allem für andere. Gerade der verpflichtende Dienst für Frauen, den es in Israel seit 1949 gibt, ist wichtig für die gesellschaftliche Gleichberechtigung der Geschlechter.

Die Geschichte des Holocaust hat mich immer sehr interessiert. Ich denke mir oft, hätte ich zu einer anderen Zeit gelebt, hätte dieses unfassbare Böse auch meiner Familie, meinen Freunden und mir widerfahren können. Gerade als Diplomatin in Deutschland trage ich die Geschichte immer mit mir. Gleichzeitig genieße ich meine Arbeit, die persönlichen Kontakte und die Kultur des Landes sehr. Vor allem der Austausch mit der jungen Generation ist mir sehr wichtig, weil sie die Basis darstellt für die zukünftigen deutsch-israelischen Beziehungen. Ich wünsche mir, dass die Geschichte nie vergessen wird, aber dass wir vor allem gemeinsam an und für eine fruchtbare Zukunft arbeiten.

Sandra Simovich, geboren 1974 in Iași, ist eine rumänisch-israelische Diplomatin und seit August 2017 Generalkonsulin des Staates Israel für Süddeutschland.

BÄUME PFLANZEN IST FRIEDENSSTIFTEND

Von Felix Finkbeiner

Wir leben in einer freiheitlich demokratischen und pluralistischen Gesellschaft, und wir erleben in Europa und besonders in den USA, dass wir täglich für unsere Demokratie kämpfen müssen.

Ich war neun Jahre alt, als ich 2007 die Kinder- und Jugendinitiative Plant-for-the-Planet ins Leben gerufen habe. Dass ich dies tun konnte, spricht dafür, dass auch Kinder bei uns Gehör finden. Für uns junge Menschen ist der Austausch über die Generationen hinweg wichtig. Wir können nur wachsen, wenn wir diskutieren. Uns Kinder haben damals die positiven wie auch die ernüchternden Erfahrungen in unserer politischen Arbeit nachhaltig geprägt. Als sogenannte »Diplomaten in Gummistiefeln« wuchsen wir von Kindesbeinen an als globale Politiker auf. Über 91.000 andere Kinder in 75 Ländern konnten wir in den letzten eineinhalb Jahrzehnten in 1.500 Tagesworkshops, unseren Akademien, ermutigen und unterstützen. Als Botschafter für Klimagerechtigkeit mobilisieren wir andere, denn auch wir wollen eine Zukunft haben.

Als Millennials oder Generation Z sind manche von uns schon in einer anderen Lebensrealität angekommen. Wir studieren, üben Berufe aus, und manche sind auf dem Weg auf die politische Bühne oder beziehen mit journalistischen Beiträgen in Leitmedien Stellung. Ich selbst habe Bäume zu meinem Forschungsthema gemacht.

Die letzten Monate, geprägt vom öffentlichen Diskurs über die Fridays for Future-Bewegung, haben gezeigt: Es lohnt, sich Gehör zu verschaffen. Ohne die Hartnäckigkeit der Jugendlichen, die, allen kritischen Stimmen zum Trotz, freitags auf Demos statt in die Schule gegangen sind, wäre die Klimadebatte nicht da, wo sie heute steht. Greta

Thunberg, die allein und aus tiefster Überzeugung vor einem Parlament ihren Streik begonnen hat, ist es zu verdanken, dass die Klimakrise im Bewusstsein der Menschen weltweit angekommen ist.

Wir haben gelernt, nicht aufzugeben und beharrlich zu bleiben.

Als im Februar 2011 zum Start des Internationalen Jahres des Waldes die Regierungen in New York im Saal der UNO-Vollversammlung zusammenkamen, war ich als Redner eingeladen. Mein Apell lautete: *»Stop Talking. Start Planting. - mit vereinten Kräften, alt und jung, reich und arm, können wir 1.000 Milliarden Bäume pflanzen. Starten wir die ›Trillion Tree Campaign‹!«*

Kurz darauf starb Wangari Maathai, und die UNEP übertrug ihre Billion Tree Campaign auf unsere junge Stiftung. Diese Kampagne hatte zu diesem Zeitpunkt ihr ursprüngliches Ziel, weltweit eine Milliarde Bäume zu pflanzen, schon erfüllt. Ich hatte schon die Forderung nach 1.000 Milliarden Bäumen ja selbst ausgerufen. Aber waren eine Billion Bäume (im Engl. Trillion Trees) auch realistisch?

Mit einer von uns erstellten Vorstudie überzeugte einer unserer Botschafter seinen Zimmergenossen an der Universität Yale, den promovierten Mikrobiologen Tom Crowther, unsere drei drängendsten Fragen zu beantworten:

1. Wie viele Bäume wachsen derzeit auf der Erde?
2. Wie viele Bäume haben noch Platz?
3. Welchen CO_2-Impact haben diese Bäume?

Im September 2015 veröffentliche Tom Crowther das Ergebnis zu unserer ersten Frage unter dem Titel »Mapping Tree Density At A Global Scale« in der Zeitschrift *Nature:* 3.000 Milliarden Bäume wachsen derzeit auf der Erde. Seine Studie machte Tom weltbekannt. Die Plant-for-the-Planet-Foundation mit Unterstützung des BMZ finanziert Tom, damit er seine Waldforschung fortsetzen kann. Im Herbst 2017 eröffnet er an der ETH Zürich das Crowther Lab. Er beantwortet unsere weiteren Fragen: 1.000 Milliarden Bäume haben noch Platz und würden die +2°C-Grenze um 10-18 Jahre in die Zukunft verschieben. Kurz: Bäume verschaffen uns wertvolle Zeit, in der wir unsere CO_2-Emissionen massiv weiter senken müssen. Mithilfe von Marc Benioff, Gründer und CEO des kalifornischen IT-Unternehmens Salesforce, hat unsere Vision im Januar 2020 auf dem World Economic Forum in Davos ihren Durchbruch.

Die jungen Vorstände von Plant-for-the-Planet programmieren eine App, open source, kostenlos für alle Beteiligten, datensicher und datengeschützt, die es allen Menschen auf der Welt so einfach wie möglich macht, an Aufforstungsprojekte zu spenden, die das Bäumepflanzen für sie übernehmen, oder ihre selbst gepflanzten Bäume zu registrieren. Heute kann der Besucher auf Plant-for-the-Planet.org mit wenigen Klicks Bäume pflanzen – weltweit und ohne Einschränkungen. Unter Salesforce.com/trees wird die erste App installiert und findet schnell weitere Unterstützer. Jede Spende fließt zu 100 Prozent an über 140 Wiederaufforstungsprojekte. Wir teilen all unser Wissen mit allen Wiederaufforstungsorganisationen zu unserem gemeinsamen Vorteil: Zukunft.

Wir wissen: Bäumen retten das Klima nicht, aber wenn jeder Mensch bis 2030 1.000 Bäume pflanzt, jedes Unternehmen 1.000 Bäume für jeden Mitarbeiter und wenn nur jeder Zehnte mitmacht, schaffen wir die Trillion Trees und verschieben damit die Kipppunkte im Klimasystem in die Zukunft. Und weltweite Wiederaufforstung hat noch viele Zusatznutzen. Sie kann zum größten Konjunkturprogramm für Länder des Globalen Südens werden, denn die Flächen für die Billion Bäume liegen zur Hälfte in Afrika, der Rest in Lateinamerika und Südostasien.

Bäume pflanzen ist ein generationenverbindendes, friedensstiftendes Projekt, das uns Menschen Hoffnung gibt und Mut macht. Und Mut brauchen wir, um gemeinsam in dieser Klimakrise auch andere globale Lösungen beherzt anzupacken. In Afrika sind heute 925 Kohlekraftwerke in Planung und im Bau. Stattdessen sollten wir die Desertec-Vision verwirklichen und 1.000 Solarparks in Wüsten wie der Sahara bauen. Die Bevölkerung in den 54 Ländern unseres Nachbarkontinents wird sich bis 2050 verdoppeln, und der Energiebedarf wird massiv steigen. Bei gleichbleibender Bevölkerungszahl hat China in den letzten zehn Jahren seine CO_2-Emissionen verdoppelt. Wir brauchen Lösungen, die die Armen sauber reich und die Reichen sauber machen.

Uns wurde in den letzten zwei Jahrzehnten immer wieder erzählt, der Einzelne könne mit seinem Konsumverhalten die Klimakrise lösen. Das ist vor diesem Hintergrund betrachtet Unfug. Natürlich haben wir als Konsumenten auch Einfluss, aber wenn uns Menschen geschickt ökologisch Unsinniges zu vergleichsweise günstigen Preisen anbieten, werden wir Menschen das auch nachfragen. Der Einfluss gezielter Kommunikation wird deutlich an der Tatsache, dass am 4. November 2020 in den USA 73 Millionen, ein Drittel der erwachsenen Menschen, Donald Trump ihre Stimme gaben. Die Planwirtschaft scheiterte, weil sie die sozialen Kosten nicht in ihren Preisen abbilden konnte, und die Marktwirtschaft droht zu scheitern, wenn es uns nicht gelingt, endlich die ökologischen Kosten in den Preisen abzubilden. Die Klimakrise wird zur Überlebensfrage der Menschheit in einer Zivilisation, wie wir sie erleben dürfen. Wir jungen Menschen sind dankbar, dass wir in unserer Demokratie für unsere Demokratie kämpfen können.

Felix Finkbeiner hat mit neun Jahren seinen ersten Baum gepflanzt. Er ist Gründer der Klimaschutzinitiative Plant-for-the-Planet, die mittlerweile 13,6 Milliarden gepflanzte Bäume zählt, die die Erde abkühlen, indem sie CO_2 binden, und so für frische Luft sorgen.

FÜR MEHR ORGANSPENDEN

Von Valentina Quittenbaum

Seit ein paar Monaten schauen wir jeden Abend die Tagesschau.
Meine Eltern möchten, dass mein Bruder und ich wissen, was in der
Welt vor sich geht. Es gibt das Coronavirus, Kriege, Terrorismus in
Frankreich und Länder wie die Türkei, in denen Menschen wegen
ihrer politischen und religiösen Meinung verfolgt werden. Das muss
man sich vor Augen führen, um zu verstehen, dass wir Glück haben, in
einem Land zu leben, in dem jeder frei ist, seine Meinung zu äußern.

Wir Kinder nehmen vieles als selbstverständlich hin. Freizeit,
Schule, Gesundheit. Durch eine bakterielle Infektion wurde ich 2016
so krank, dass meine Nieren versagten. Ich lag drei Wochen auf der
Intensivstation und war insgesamt zweieinhalb Monate in einer Kin-
derklinik in München. Danach musste ich zweieinhalb Jahre lang
dreimal in der Woche zur Dialyse. In dieser Zeit habe ich begriffen,
dass es viele idealistische Ärzte und Pfleger gibt, die helfen wollen.
Aber man hat nur theoretisch einen Anspruch auf eine gute medizi-
nische Versorgung.

Es gibt zu wenig Personal in den Krankenhäusern. Ich erinnere
mich an Nächte, in denen man sehr lang auf eine Krankenschwester
warten musste, wenn man ein Problem hatte. Eine einzige Person war
damals für eine ganze Station mit kranken Kindern zuständig. Ohne
Mütter und Väter würde das System zusammenbrechen. Andererseits
stehen wir besser da als andere Länder. Mit mir an der Dialyse waren
ein Mädchen aus Syrien und ein Baby aus Afghanistan. In ihrer Heimat
wären beide sicher gestorben.

2018 habe ich eine Niere von einem verstorbenen Menschen bekommen. Seither kann ich ein fast normales Leben führen. Ich möchte mich dafür einsetzen, dass mehr Menschen einen Organspendeausweis haben. Sehr viele wissen gar nicht, dass nicht nur alte kranke Menschen auf Organe warten, sondern dass es viele Kinder gibt, die auf der Liste für eine Transplantation stehen. Diese Kinder verbringen einen großen Teil ihrer Kindheit in Krankenhäusern, und sie sind angewiesen auf Menschen, die über ihren Tod hinaus etwas Gutes tun wollen. In Deutschland muss man sich aktiv für die Organspende entscheiden. Das ist sehr demokratisch. Aber es erfordert auch mehr Energie, sich darauf einzulassen.

Um eine gerechte Vergabe der Organe kümmert sich die Stiftung Eurotransplant, die zuständig ist für acht europäische Länder. Es ist nicht immer leicht, zu verstehen, warum ein Mensch ein Organ bekommt und ein anderer nicht. Meine syrische Freundin Mouna wurde vor mir transplantiert, dabei stand ich schon länger auf der Warteliste. Ein Grund für die Vergabe ist die Dringlichkeit, und gesucht wird immer nach einer größtmöglichen Übereinstimmung zwischen Spender und Empfänger, damit die Transplantation ein Erfolg wird. Manche Kinder warten fünf Jahre auf eine Niere, obwohl Kinder vom Gesetz her bevorzugt behandelt werden müssen.

Äußerlich unterscheide ich mich nicht von den anderen Mädchen in meiner Klasse. Aber meine Erfahrung mit einer schweren Krankheit macht mich in gewisser Weise zu einer Außenseiterin. Ich verhalte mich vorsichtiger, kann manche Sportarten nicht mitmachen und muss zu bestimmten Uhrzeiten Medikamente nehmen. Man gehört einfach nicht wirklich dazu, wenn man nicht perfekt ist. Daran können auch engagierte Lehrer nichts ändern, die versuchen, die Klassengemeinschaft zu stärken. Ich habe den Eindruck, dass man gerade als Teenager seine Meinung nicht frei äußern darf, weil der soziale Druck von denen, die in der Schule den Ton angeben, riesig ist. Manchmal reicht ein falsches T-Shirt, damit die anderen die Stirn runzeln.

Valentina Quittenbaum, geboren am 2.12.2005 in München, wohnt mit ihren Eltern und ihrem zwei Jahre jüngeren Bruder am Starnberger See und besucht die achte Klasse des Gymnasiums Abtei Schäftlarn.

» Wir brauchen keine Opposition, weil wir sind schon Demokraten. «

Gerhard Polt

ANDERS SEIN? FÜR KINDER UND ERWACHSENE

Von Michi Gerg und Achim Winter

Stell dir vor, es gäbe z. B. nur fünf Tierarten oder nur eine Art von Bäumen und Blumen. Langweilig, oder? Genauso wäre es, wenn alle deine Freunde genauso wären wie du – man hätte nichts mehr zu lachen, den Witz, den dir dein Freund erzählen würde, würdest du ja schon kennen. Wie langweilig.

Schön, dass es so viele verschiedene Menschen gibt, es liegt nur an uns allen, die Werte aller verschiedenen Menschen zu erkennen und zu sehen. Auch wenn uns andere Sprachen oder anderes Aussehen immer zuerst ein bisschen fremd vorkommen, gibt es doch so viel Schönes in allen Menschen zu entdecken. Es gilt nicht, mit dem Finger auf andere zu zeigen, ohne dass du dich mit den anderen beschäftigt hast. Du wirst viel Neues und Unbekanntes finden und auch Freunde. Natürlich aber auch Menschen, die nicht so gut zu dir passen. Es ist total okay, wenn du eine Lieblingsblume oder ein Lieblingstier hast, genauso wie Freunde. Aber auch alle anderen Blumen und Tiere sind wertvoll, vielleicht nicht so sehr für dich, aber für andere Menschen.

Gerade von unseren Politikern bekommen wir leider immer wieder vorgelebt, dass sie auf andere Menschen mit dem Finger zeigen und andere mit sogenannten Sanktionen bestrafen. Dies in dem festen Glauben, dass nur unsere Demokratie und nur unsere Lebensart die einzig richtige ist und daher auch alle anderen »so schlau« sein müssen, genauso zu leben wie wir. Also am besten nur eine Art der Demokratie, nur eine Sprache, nur ein Verhalten..., also nur eine Blume und nur ein Tier – wie langweilig. Warum wollen wir nicht zulassen, dass es andere Staatsformen gibt, andere Lebensarten, andere Schwerpunkte, einfach andere Menschen? Warum sind wir eben nicht tolerant?

Und hier möchte ich ansetzen und mit meiner Stiftung Schneekristalle gerade bei jungen Menschen dazu beitragen, den so wichtigen Wert Toleranz vorzuleben und vor allem auch Ängste abzubauen. Wir laden deshalb Kinder zu Sporttagen ein. Und wir erleben jeden Tag, wie unkompliziert Kinder miteinander umgehen. Sie streiten und helfen sich im selben Augenblick. Es gibt keine Grenzen, weder mit behinderten noch mit anders aussehenden Kindern, die fremde Sprachen sprechen. Alle haben Spaß, lernen, erfahren ihren Körper mit Bewegung und haben einen ganz normalen Umgang mit anderen. Deshalb hat unsere Stiftung den Glaubenssatz, dass ALLE Kinder, insbesondere auch benachteiligte, die Möglichkeit haben sollen, ihre Zukunft selbstbestimmt und selbstbewusst zu gestalten. Und hier beachte bitte das Wort »ALLE«, also auch die, die dir vielleicht fremd erscheinen mögen.

> **Michi Gerg,** geboren 1965, ist ehemalige Skirennläuferin, vierfache Olympiateilnehmerin und Stifterin.
>
> **Achim Winter** wurde 1958 geboren, ist Unternehmer und Vorstand der Stiftung Schneekristalle.

Und genau deshalb wenden wir viel Zeit und Mittel auf, denn Sport ist eine sehr gute Möglichkeit, um ALLEN Kindern Werte zu vermitteln, die Voraussetzung für ein selbstbestimmtes und selbstbewusstes Leben sind. Fairness, Mut, Teamgeist, Toleranz, Ausdauer, Disziplin und Demut sind diese Werte.

Und wenn du dich anstrengst, wirst du Erfolg haben, und du wirst auch spüren, wie viel Selbstvertrauen du dadurch bekommst, manchmal in großen, manchmal in kleineren Schritten. So ist es in der Schule und im Leben. Hab Spaß am Sport und auch am Lernen, z. B. von anderen Sprachen, und sei neugierig. Geh deine Schritte und deinen Weg, halt an bei Menschen, die dir fremd sind, und hör ihnen zu. Du wirst sicher viel Neues und Interessantes für dein Leben kennenlernen.

OHNE HEIMAT KEINE DEMOKRATIE – OHNE DEMOKRATIE KEINE HEIMAT!

Von Hermine Kaiser

Heimat hat Konjunktur. Heimat boomt. Besonders in Bayern. Heimat steht auf regionalen Produkten, es gibt Heimatlimonade und Heimatmüsli, man hört Heimatsound, und das ist richtig gute Musik. Heimat ist sozusagen ein Gütesiegel. Mit der Lederhosn auf dem Traktor zu fahren, verheißt pure Freiheit und ist alles andere als provinziell, Dirndl sind etwas Wunderschönes, besonders die, die es tragen, und das am liebsten auf Volks- und Waldfesten irgendwo auf dem Land. Dialekt zu sprechen, besser gesagt zu reden, ist unkonventionell und etwas Besonderes in unserer globalen Weltordnung. Die ehemals fast peinlichen »Land«-Autokennzeichen mit drei Buchstaben fährt man voller Selbstbewusstsein: »Schaut's her, do bin i dahoam.« Und stolz darauf. Denn: Heimat ist Identität. Heimat ist »daheim«, und das bedeutet: Zugehörigkeit Wohlbefinden, Sicherheit, Freiheit und Frieden. Dass man dort sein darf, wer man ist, und entscheiden kann, wie lange man bleiben möchte. In der ersten, zweiten oder dritten Generation. Aber Heimat ist nicht nur unter Joghurtdeckeln und in Bierflaschen, Heimat ist auch Demokratie, und Demokratie ist Heimat. Das eine würde ohne das andere nicht funktionieren.

Heimat in einer Demokratie ist der Ort, von dem man weggehen kann und zu dem man wieder zurückkommen darf. Der Ort auch, der einem nicht gleichgültig ist, für den man sich einsetzen und einbringen, den man mitgestalten und erhalten kann. Für den man sich politisch engagieren kann und dies auch darf! Bei Wahlen, in Bürgerentscheiden oder Volksbegehren, wichtigen Instrumente für direkte Demokratie. Wer keine Stimme hat, wird nicht gehört, kann nichts bewegen.

> Heimat ist aber nicht nur ein Ort.
> Heimat können wir ja nicht wählen, wir werden hineingeboren.
> Die Kindheit ist die erste Heimat, die uns wohl am meisten prägt.

»Was ist Heimat für Sie?« Das ist bei jedem meiner zweistündigen Radiogespräche die letzte meiner Fragen an meinen jeweiligen Livegast. Ein sehr bayerisches Radioprogramm ist BR Heimat, und der Name ist Programm, deshalb heißt dieser Talk auch »Der Ratsch«. Keine der Antworten in den vielen Gesprächen ist gleich. Erstaunlich. Heimat ist für jeden von uns etwas ganz anderes: die Gegend, in der man aufgewachsen ist oder in der man sich gerade befindet, sich zu Hause fühlt. Die Familie, die Freunde, der Lieblingsmensch. Der Duft von frisch gemähtem Gras, der Geschmack von Omas Schweinsbraten. Der Sportverein. Der Dialekt. Die Musik, ein Lieblingsinstrument, ein Foto, ein altes Spielzeug. Ein Möbelstück. Vertraute Geräusche. Und manchmal kommt auch die Antwort: Ich weiß es nicht. Das Heute, das ist meine Heimat. Das bin ich.
Heimat ist oder war da, wo man sich wohlfühlt, wie man sich fühlt. Heimat ist also eine Art Sehnsuchtsort der Geborgenheit, Vertrautheit, Sicherheit und des Vertrauens. Da sind wir wieder bei der Demokratie, in der jeder von uns sich daran beteiligen kann, wie dieser Zustand des Schutzes, der Sicherheit, der Toleranz und der Freiheit gelebt und erhalten werden kann. Die Definitionen von Heimat sind so unterschiedlich wie die Menschen, die man nach ihrer Heimat fragt. Heimat ist also etwas Subjektives, für jeden etwas anderes; jeder empfindet Heimat anders. Heimat ist in uns und prägt uns ein Leben lang, die guten wie auch die schlechten Erlebnisse und Erinnerungen. Heimat kann in der Vergangenheit liegen, in der Gegenwart, und auch in der Zukunft kann es eine weitere Heimat geben. Aber eines darf Heimat nie mehr sein: ideologisch missbraucht!

Heimatbegriff: Ideologie statt Demokratie
Bis vor einigen Jahren hatte der Begriff Heimat einen muffigen Beigeschmack: Heimat war ein Unwort, erinnerte an Heimattümelei und

Hermine Kaiser ist schon seit über 30 Jahren beim Bayerischen Rundfunk – dennoch ist sie kein Urgestein. Menschen, Musik, Bayern und Brauchtum, Ratschen und Zuhören – bei der BR Heimat kommt alles zusammen!

kitschige Heimatfilme voller Klischees und Postkarten-idyllen. So sind zum Beispiel Bayern und die Alpenregionen zu Beginn des Fremdenverkehrs im 19. Jahrhundert auch inszeniert worden: mit Bauerntheater, Lederhosen, Schuhplattlern und Tracht, alles, um den ersten Touristen angeblich uriges Brauchtum vorzugaukeln: Heimatkunde mit Jodeldiplom. Danach war der Begriff Heimat belastet durch den ideologischen Missbrauch in der Zeit des Nationalsozialismus: Alles, was auch nur annähernd Brauchtum, Musik und Tradition war, wurde als »volkstümlich« erklärt und politisch instrumentalisiert. In der Propagandamaschinerie der Nationalsozialisten gab es sogenannte »Heimatabende« und »Bayerische Abende«, Großveranstaltungen, die eine Gleichschaltung von Brauchtum und Politik bedeuteten. Damit konnten willkürlich Mitbürger ausgegrenzt werden: Wer nicht zu der vom NS-Regime definierten »Volksgruppe« gehören sollte, sei es durch Herkunft oder durch Religion, wurde als »heimatloser Volksschädling« gebrandmarkt und ausgeschlossen. Zumeist mit den mörderischen Folgen der NS-Diktatur. Musik und Brauchtum sind zu Propagandainstrumenten des NS-Regimes verkommen. Heil Heimat statt heiler Heimat.

Verlust von Heimat

Ein alter bayerischer Spruch lautet: »Wer nicht wegfährt, kann nicht heimkommen.« Zur Heimat gehört Heimweh. Heimweh ist der erste kleine, kurzzeitige Verlust von Heimat: ohne die Eltern bei Freunden übernachten, die erste große Reise alleine, von »daheim« wegziehen nach dem Schulabschluss. Die prägende Heimat ist die Kindheit.

Heimat hat ja mit starken Gefühlen zu tun, mit Sicherheit und Geborgenheit, ohne Angst haben zu müssen.

Heimatvertrieben, das waren viele Menschen, nicht nur nach dem Zweiten Weltkrieg. Seine Heimat zu verlieren, den vertrauten Ort, an dem man sich zu Hause und sicher gefühlt hat, verlassen zu müssen, ist der größte Verlust von Sicherheit und Zugehörigkeit. Und die Suche nach und Hoffnung auf eine neue oder temporäre Heimat ist eine enorme Kraftanstrengung, verbunden mit Schmerz und mit der Sehnsucht nach der verlorenen Heimat, der verlorenen Identität, verlorenen Vertrautheit und Sprache, nach einem Daheim und nach Perspektive. Und manchmal schwindet jede Hoffnung, noch einmal in die Heimat zurückkehren zu können. Heimat kann aber auch ein Ankommen sein, kann bedeuten zu wissen: Da kann ich hingehen, sein, vielleicht bleiben. Eine weitere Heimat finden. Ein aktuelles Thema in unserer Demokratie. Heimat bedeutet Veränderung in Zeiten, die sich ständig verändern – für uns alle.

Der wunderbare bayerische Philosoph Karl Valentin hat den legendären Satz gesagt: »Fremd ist der Fremde nur in der Fremde.« Wenn man sich wieder heimisch fühlt, hat man eine Heimat. Eine gemeinsame Heimat ist ein fließender Prozess, an dem wir uns alle beteiligen können, Veränderungen gemeinsam bewirken – mit Toleranz und Offenheit. Heimat kann man teilen.

Heimat, Sprache und Dialekt, Heimat geht durch den Magen

Begegnet man auf Reisen neuen Menschen, ist eine der ersten Fragen: »Woher kommst du?«– also die Frage nach dem Heimatland. Ist es jemand aus dem eigenen Land, dann kommt man sich gleich näher. Ist es jemand, der sogar denselben Dialekt spricht, dann wird es vertraut: »Ah, du bist auch aus ... kennst du den ... und das?« Musik, Sprache, Tradition sind Heimat, die wir in uns tragen. Das ist vertraut und hat etwas mit Vertrauen zu tun. Und es ist etwas Gemeinsames: miteinander reden, miteinander feiern, miteinander musizieren, miteinander an einem Tisch sitzen. Manchmal schmecken auch ein paar bayerische Würstel aus der Dose im Outback nach Heimat. Mit oder ohne Senf. Oder die letzten Weihnachtsplätzchen nach Omas Rezept aus der kleinen Blechdose. Heimat geht durch den Magen, schmeckt nach Zuhause. Ob die Gerichte der Kindheit, ob Leberkäs, Kässpätzle und Kaiserschmarrn oder Döner und Pasta, die allerdings irgendwann aus ganz anderen Heimaten auf unseren Speisekarten gelandet sind. Heimat trägt man in sich.

» Die meisten Menschen geben ihre Macht auf, indem sie denken, sie hätten keine. «

Alice Walker

ICH BIN AUCH AMERIKANER

Von August Zirner

Die Einladung, über Werte wie Freiheit, Gleichheit, Toleranz und Humanität zu schreiben, überfordert mich etwas. Das sind so bedeutende Worte und so wunderbare Werte, und ich scheitere täglich an ihnen. Da hilft es nur, an Samuel Beckett zu erinnern und an seine Aussage: »Try again, fail again, fail better.«

Ich lebe in Deutschland, aber da, wo ich herkomme, da, wo ich aufgewachsen bin, nämlich in den USA, sind diese Werte dabei, zerstört zu werden. Es fällt schwer, aus der Ferne zuzuschauen. Selten war ich so froh und dankbar, in Europa und speziell in Deutschland zu leben.

Statt über Freiheit, Gleichheit, Toleranz und Humanität zu schreiben, möchte ich über Wandlungsfähigkeit, Gerechtigkeit, Menschlichkeit und Geduld nachdenken.

»Die Amerikaner sind einfach zu blöd ... wie konnten sie einen solchen Präsidenten wählen?«

Mit dieser Frage werde ich immer wieder konfrontiert, von Kollegen, Bekannten und Freunden, Männern wie Frauen, und ich antworte dann meist darauf:

»Ich bin auch Amerikaner. Ich bin in den USA geboren und aufgewachsen, auch ich bin ein ›Ami‹ – bin ich deswegen blöd? Und welchen Präsidenten meint ihr, den jetzigen oder die vergangenen 44?« Auf diese stattliche Zahl hinzuweisen ist nämlich zugleich auch ein Verweis auf die Robustheit gerade dieser Demokratie.

Ich wünsche diesen Kritikern die Fähigkeit, auf sich selber zu schauen, statt mit dem Finger auf andere zu zeigen, das wäre ein kleiner Schritt in die Richtung, andere zu verstehen.

Wenn es die Vereinigten Staaten nicht gegeben hätte, wäre ich vielleicht nicht zur Welt gekommen. Meine Eltern sind nämlich 1938 vor den Nazis aus Wien nach Amerika geflohen und haben dort eine neue und sichere Heimat gefunden. Dafür bin ich auch sehr dankbar.

Die Wirklichkeit ist natürlich komplexer, und es ist immer wieder enttäuschend, festzustellen, mit welchen Vorurteilen man konfrontiert wird. Ich wünsche mir daher, dass mit mehr Gerechtigkeit auf die USA geblickt wird, selbst unter einem Präsidenten Trump. Die Tragik ist leider, dass die Demokratie gerade dabei ist zu verfallen. Früher war Amerika so etwas wie ein Vorbild, das ist, vorbei. Die übrige Welt muss sich von dem amerikanischen Vorbild befreien. Die amerikanische Exportware »Demokratie« ist dabei, zu verfaulen.

Die Demokratie in den USA hat in einem präsidialen System große Schwächen, wie sich nun herausstellt. Ich glaube aber daran, dass es auch dort eine gerechtere Demokratie geben kann. Dennoch denke ich, dass der Weg zu einer solchen besseren und stärkeren Demokratie weit ist. Vielleicht macht mich gerade das zum Amerikaner: die Hoffnung auf etwas zukünftig Mögliches, etwas Besseres?

Es gab ja einmal einen Präsidenten, der immer gesagt hat: »Hoffnung statt Angst.« Er wusste, dass Bildung, Gesundheitsreform, Gleichberechtigung Bausteine der Demokratie sind. Er konnte vieles nicht durchsetzen wegen des Widerstands im Kongress, aber er und seine Anhänger haben darum gekämpft. Er hieß Barack Obama, und das ist gar nicht so lange her.

Ich gebe zu, es ist gar nicht so einfach, zu meinem Heimatland Amerika zu stehen. Das Land hat viel Unglück in seinen Wurzeln: das Unrecht an den Native Americans, die Sklaverei, den Rassismus, das Wahlmänner-System, den extremen Lobbyismus. Und für mich ist der Umgang mit Waffen dort schlicht unerträglich. Da muss in Amerika noch viel passieren. Insofern dient Amerika uns vielleicht inzwischen als negatives Vorbild.

Und die Menschlichkeit? Jetzt wird es ganz schön kompliziert.

Wir sind nun einmal alle hochkomplizierte Wesen. Die populistischen Versuche, den Menschen für dumm zu verkaufen, indem behauptet wird, das Volk brauche einfache Lösungen, entspringen einem simplen Menschenbild. Sie lehren »law and order«, aber damit kann es keine langfristigen Lösungen geben.

Demokratie braucht Menschlichkeit, Respekt, Toleranz, Gerechtigkeit. Das sind unsere universellen Werte, und ich kenne viele Amerikaner, mich eingeschlossen, die sich für diese Werte einsetzen. Da ich auch Europäer bin, erlebe ich gerade die Stärken unserer Demokratie hier in Deutschland, im Unterschied zu der in den USA.

Nichts ist selbstverständlich, am wenigsten die Demokratie. Sie lebt, indem wir sie üben.

Aber der Weg ist noch weit.

August Zirner wurde am 7. Januar 1959 als Sohn jüdischer Immigranten aus Österreich in Urbana, Illinois, geboren. Mit 17 Jahren ging Zirner nach Wien, um am renommierten Max-Reinhardt-Seminar zu studieren. Nach seinem Debüt am Wiener Volkstheater folgten Engagements in Hannover, Wiesbaden, München und Wien. Seit Mitte der 80er-Jahre spielt Zirner die unterschiedlichsten Charaktere in zahlreichen Fernseh- und Kinoproduktionen.

WERTE

Von Jalaluddin Salimi

Das Recht auf Schulbildung, die freie Meinungsäußerung, die Gleichberechtigung von Mann und Frau, das Recht auf das eigene Leben, auf körperliche Unversehrtheit und Schutz, die Freiheit des Glaubens, die freie Berufswahl und die Freiheit der eigenen Entfaltung – all diese Werte habe ich kennengelernt, seit ich in Deutschland lebe. Es sind unverzichtbare Bausteine für ein gesundes Aufwachsen und für ein Leben in Frieden. Seitdem ich sie nutzen darf, ist mir klar, welche Chance wir in diesem Land haben. Eine Lebenschance, die nicht selbstverständlich ist.

Ursprünglich komme ich aus Masar-e Scharif, einer Großstadt im Norden Afghanistans. Die Natur in diesem Teil des Landes ist von großer Schönheit, und oft denke ich an die Ausflüge, die ich mit meiner Familie zum Fluss Balkh oder ins Marmolgebirge unternommen habe. Besonders intensiv erinnere ich mich an unser jährliches Zeremoniell an Nowroz, dem afghanischen Neujahr. Nach einem Besuch der Gräber unserer Vorfahren gingen wir immer ins Gebirge und feierten Neujahr mit Picknick und Bergwandern. Doch in der Kulisse dieser Landschaft erfuhr unser Leben nach und nach immer größere Bedrohungen und Einschränkungen. Alles, was in Deutschland selbstverständlich scheint, ist im Land meiner Herkunft schwierig und meistens sogar unmöglich. Geboren wurde ich in den Zeiten der Herrschaft der Taliban. Meine Eltern waren aufmerksam und fürsorglich meinen Geschwistern und mir gegenüber. Und doch erinnere ich mich an das stetige Gefühl von Angst in unserem Haus. Während und nach der Gewaltherrschaft der Taliban durfte meine Mutter weder arbeiten noch das Haus ohne Burka verlassen. Kritik an der Regierung durfte nicht geäußert werden, sonst drohte die Hinrichtung. Die Möglichkeit, unbekümmert auf die Straße zu gehen, hatten wir Kinder nicht, immer musste ein Beschützer dabei sein. Freie und geschützte Wahlen gab es nicht, und selbst heute werden die Bürger, die wählen gehen, oft bedroht oder sind Attentaten ausgesetzt. Auch später, als die Herrschaft der Taliban offiziell beendet war, blieb die reale Gefährdung bestehen.

Seit 15 Jahren ist die Bundeswehr in Masar-e Scharif stationiert. Die deutschen Soldaten haben viel geleistet in dieser Region, und in vielen Teilen der Bevölkerung ist eine große Dankbarkeit für ihren Einsatz zu spüren. Und doch – für mich und meine Familie hat sich in den vergangenen Jahren das Leben dramatisch verschlechtert. Einige entferntere Mitglieder meiner Familie haben für die Bundeswehr gearbeitet, auch aus der Überzeugung heraus, dass es wichtig ist, diese Soldaten vor Ort zu haben und sie zu unterstützen. Sie und ihre Familien wurden von den Taliban regelmäßig mit dem Tode bedroht. Es war ihnen unmöglich, in Afghanistan zu bleiben. Unter dem Schutz der Bundeswehr wurden sie nach Deutschland gebracht, und das veränderte das Leben meiner Eltern, Geschwister und mein eigenes. Denn es begannen die nächtlichen Drohanrufe. Mehrmals jede Nacht und auch am Tag ließen uns die Taliban wissen, dass wir in den Fokus ihrer Verfolgung gerückt waren. Der Wortlaut der Anrufe war stets ähnlich. Das Leben meines Vaters und besonders das Leben seiner drei ältesten Söhne wurde bedroht. Wir wurden als Verräter bezeichnet, weil unsere Verwandten mit der Bundeswehr zusammengearbeitet hatten.

In dieser Ausnahmesituation wurde mein jüngerer Bruder auch noch Zeuge eines Bombenanschlags, und dieses Attentat traumatisierte ihn und uns alle. Der Schulbesuch war unmöglich geworden, wir konnten für lange Zeit das Haus nicht mehr verlassen. Wir Kinder entwickelten

Jalaluddin Salimi wurde am 3.7.1999 als Sohn einer gebildeten, bürgerlichen Familie in Masar-e Scharif, Afghanistan, geboren. Da die Familie für die dort stationierte Bundeswehr und NATO arbeitete, wurden sie als Verräter bezeichnet und von den Taliban bedroht. Jalaluddin konnte deshalb ab der neunten Klasse nicht mehr in die Schule gehen und musste sein Heimatland 2015 aufgrund ständiger Lebensbedrohung verlassen und sich auf die gefährliche Flucht begeben. Er lebt seit November 2015 in Deutschland.

massive Schlafstörungen, und auch die Gesundheit unseres Vaters begann zu leiden.

Für liebende Eltern ist es das Schlimmste, ihre Kinder wegzuschi-
cken. Doch meine Eltern hatten keine Wahl. Sie mussten uns aus dieser
Lebensbedrohung herausbringen und uns die Chance auf ein normales
und sicheres Leben weit weg von Afghanistan geben, und so mussten wir drei ältesten Brüder nacheinander das Land verlassen. Meiner
Mutter brach es das Herz, und ich trage bis heute schwer an der Last,
sie so traurig zu wissen und stetige Angst um das Leben meiner Eltern
zu haben. Nach einer gefahrvollen und langen Flucht erreichten mein
jüngerer Bruder und ich München.

Gewiss, die Sehnsucht nach meiner Familie ist groß und die Trennung
hart, und doch weiß ich genau, dass ich jetzt ein menschenwürdiges,
freies und sicheres Leben führen darf. Ich verstehe die Proteste gegen
die berechtigten Corona-Schutzmaßnahmen nicht, und sie machen mir
Angst. Diese Menschen begreifen aus meiner Sicht nicht, welche Freiheit
sie haben. Sie verstehen nicht, dass jeder für den anderen Verantwortung tragen sollte. Neben meiner Ausbildung zum Betriebsinformatiker
engagiere ich mich ehrenamtlich in zwei Organisationen. Dort treffe
ich viele Jugendliche, die das Glück haben, hier in Deutschland geboren
und aufgewachsen zu sein. Für sie sind die Werte von Freiheit und Demokratie, von ungestörten Wahlen und Sicherheit selbstverständlich.
Mir ist es wichtig, ihnen zu vermitteln, wie kostbar unser freies Leben
ist. Wir alle sollten uns für den Erhalt unserer Gesellschaft einsetzen.

ÜBERLEBEN

Von Sheka Bangura

Manchmal wache ich am Morgen auf, strecke meine Glieder und rolle mich aus dem Bett. Und dann gibt es die Tage, an denen ich erwache. Im Nebenzimmer dreht sich meine kleine Schwester im Bett um und seufzt dabei. Aus unserer Küche dringt das Klappern von Geschirr, meine Mutter ruft meinen Vater zum Frühstück, und ihre Stimme holt mich aus dem Halbschlaf. Und plötzlich ist es ganz still, sind alle Geräusche verstummt, mein Bett ist nicht mein Bett. Das sind qualvolle Momente, in denen ich mich in der Fremde finde, in denen ich aus meiner Welt stürze. Ich erwache in Sierra Leone, und ich wache in Deutschland auf. Alle Geräusche, die ich eben noch von meiner Familie gehört habe, sind Geräusche aus der Vergangenheit – und alle drei sind tot. Das sind die Tage, an denen es mir kaum möglich ist, den Alltag zu bestehen. Ich habe meine Eltern und meine Schwester vor fünf Jahren in der dritten Welle einer schrecklichen Ebola-Epidemie verloren. Innerhalb von wenigen Tagen war mein beschütztes und glückliches Leben vorbei.

Aufgewachsen bin ich in Freetown, der Hauptstadt von Sierra Leone. Mein Vater hat Wirtschaftswissenschaften studiert und betrieb in Port Loco mehrere Geschäfte. Meine Mutter, meine Schwester und ich lebten in Freetown, und mein Vater kam jedes Wochenende. Ich ging auf die Highschool, war ein guter Schüler, wollte nach meinem Abschluss aufs College und danach Medizin studieren.

Dann brach Ebola aus. Eine Viruserkrankung, die wie ein Schnupfen beginnt und innerhalb weniger Tage zum Tod führt. Port Loco war einer der Hotspots. Die Infektionszahlen stiegen landesweit an, und die Regierung tat alles Menschenmögliche, um die Infektion einzudämmen. Auch mein Vater schloss seine Geschäfte und kam nach Hause. Mit viel Vorsicht und Disziplin überstanden wir die erste und auch die zweite Welle. Es drohte die dritte. Doch irgendwann war mein Vater gezwungen, nach Port Loco zu fahren und seine Geschäfte wieder zu öffnen. Die Wirtschaft im Land lag am Boden, den Menschen drohte große Armut, und er hatte keine Wahl. Als sich meine Mutter entschied, ihm zu folgen und meine kleine Schwester mitzunehmen, hatte mein Vater bereits einen Schnupfen. Mein Onkel Ibrahim bat meine Mutter, mich bei ihm in Freetown zu lassen, damit ich weiter in die Schule gehen konnte. Und da er ihr jüngerer Bruder war und sie ihm vertraute, stimmte sie zu. Am Abend ihrer Ankunft in Port Loco hatte mein Vater bereits Fieber, doch er konnte noch mit mir telefonieren und versuchte, mich zu beruhigen. Ich habe seine Stimme nie wieder gehört, und ich habe meine Familie nie wieder gesehen. Innerhalb weniger Tage erlagen alle der Seuche. Mein Onkel war der einzige Mensch, der mir geblieben war. Ich weiß nicht mehr, wie, aber es gelang mir, meinen Highschool-Abschluss zu schaffen.

In Sierra Leone bedeutet Familienehre alles. Die Verwandten meines Vaters, zu denen wir keinen Kontakt hatten, erhoben Anspruch auf mich. Sie forderten meinen Onkel auf, mich unverzüglich herauszugeben, ansonsten würden sie uns beide töten. Die Drohungen und die Gefahr nahmen zu. Mein Onkel beschloss unsere Flucht aus Sierra Leone, denn eine andere Wahl hatten wir nicht. Unser lebensbedrohlicher Weg führte durch die Wüste des Niger. An der Grenze zu Libyen nahmen uns bewaffnete Rebellen gefangen. Sie misshandelten uns und raubten uns unser Geld, Handy und alle Wertsachen. Seitdem sie mich brutal schlugen, ist mein rechtes Ohr ertaubt. Später ließen sie uns in einer libyschen Wüstenstadt zurück. Mit viel Glück konnten wir bei einem Mann unterkommen, der Flüchtlinge in Schuppen wohnen ließ und ihnen Arbeit gab. Doch die Menschen dort wurden brutal ausgebeutet und beherrscht. Wir hatten keine Freiheit. Wer sich wehrte, wurde geschlagen oder sogar erschossen. Wer schwer erkrankte, hatte kaum eine Chance zu überleben, da es keine ärztliche Hilfe oder Medikamente gab. Mein Onkel schärfte mir jeden Morgen, bevor er zur Arbeit ging, ein, den Schuppen nicht zu verlassen, weil es im Lager so gefährlich war, und so blieb ich viele Monate dort, wie ein Gefangener. Diese Zeit hat sich tief in mein Bewusstsein eingebrannt. Ich erkannte in dieser gefährlichen Gefangenschaft, wie kostbar Freiheit und Schutz sind. Niemals werde ich den 29. März 2017 vergessen, denn das war der Tag, an dem mein Onkel Ibrahim auf der Straße erschossen wurde. Ich stürzte ins Bodenlose. Ich war ein Kind, einstmals behütet, und nun war ich vollkommen allein in dieser Hölle. Ich begann laut zu weinen, doch sie drohten, mich zu erschießen, wenn ich nicht schweigen würde. Und da, in diesem Moment kapselte ich mich ein, keine Gefühlsäußerung kam mehr über meine Lippen, keinem sagte ich, wie es mir ging.

Irgendwie schaffte ich es, auf eines der Schlauchboote zu gelangen, und dann erreichte ich Italien. Ich war schwach und elend und fühlte mich fiebrig und krank. Doch im Flüchtlingslager gab es kaum ärztliche Versorgung. Nach einigen Monaten wurde ich nach Deutschland gebracht, und dort erfuhr ich zum ersten Mal seit über einem Jahr Menschlichkeit und schließlich Heilung von meiner Erkrankung.

Heute lebe ich in München in einer betreuten Unterkunft. Ich habe einen deutschen Mittelschulabschluss und bin im ersten Lehrjahr als Elektrotechniker. In meiner Freizeit engagiere ich mich bei YouthNet, einem interkulturellen Jugendnetzwerk. Dort treffe ich viele Münchner

Sheka Bangura wurde am 18.12.1999 in Freetown, der Hauptstadt von Sierra Leone, geboren. Sein Vater war Absolvent der Universität im Fach Business Management, seine Mutter war nach ihrem Schulabschluss Hausfrau und Mutter von Sheka und seiner jüngeren Schwester. Sheka schloss in Freetown die Highschool ab. 2015 verstarben die Eltern und die kleine Schwester an Ebola. Sheka begab sich 2016 mit seinem Onkel auf die Flucht nach Deutschland. Er erreicht Deutschland im Dezember 2017 nach vielen und brutalen Monaten in Libyen und Italien.

Jugendliche der unterschiedlichsten Herkunft. Oft diskutieren wir über verschiedene Themen wie Vorurteile, Freiheit und Demokratie. Ich habe durch all das Erlittene den Wert, in einer Demokratie leben zu dürfen, unendlich achten gelernt. Die Möglichkeit, von einem Staat geschützt und in seiner Entwicklung gefördert zu werden, kenne ich erst, seit ich in Deutschland lebe. Die Möglichkeit, auch als Vollwaise in einem behüteten Umfeld zu leben, mitzubestimmen und das Leben zu gestalten, ist für mich nicht selbstverständlich.

Die Wunden aus meiner Vergangenheit sind tief und unheilbar. Doch hier lerne ich, mit ihnen zu leben und mir ein neues Leben aufzubauen.

Manchmal wache ich am Morgen auf und lächle.

» Demokratie heißt die Wahl haben. Diktatur heißt vor die Wahl gestellt sein. «

Jeannine Luczak

HANDWERKER ÜBERNEHMEN VERANTWORTUNG

Von Dr. Georg Haber

Werte und gelebte Demokratie, das sind bedeutende und große Begriffe. Doch spielen sie auch im Handwerk eine Rolle? Als Handwerkskammer-Präsident kann ich sagen: definitiv! Handwerker, Männer wie Frauen, und das sind allein in Ostbayern 220.000 Menschen, machen nicht einfach Dienst nach Vorschrift, in den Betrieben geht es nicht um kurzfristige Gewinnmaximierung auf Biegen und Brechen. Vielmehr ist es so: Wer einen handwerklichen Beruf lernt und ausübt, ob Anlagenmechaniker(in) für Sanitär, Heizungs- und Klimatechnik, Metallbauer(in), Schreiner(in) oder Zahntechniker(in) –, entwickelt eine Lebenseinstellung, bei der Werte und gesellschaftliches Verantwortungsbewusstsein das Fundament sind. Bei meinen vielen Gesprächen mit Handwerkskollegen und -kolleginnen bestätigt sich das immer wieder.

Arbeits- und Ausbildungsplätze in der Heimat

Das Handwerk bietet Ausbildungs- und Arbeitsplätze, auch im ländlichen Raum. Damit übernimmt es Verantwortung für die Menschen vor Ort und sichert langfristig das Gemeinwohl. Gerade mit ihrem Ausbildungsengagement leisten Handwerkerinnen und Handwerker einen gesellschaftlichen Beitrag. Als Ausbilder der Nation schaffen sie berufliche Perspektiven für viele junge Menschen, mit oder ohne Migrationshintergrund. Ob theoretisch oder eher praktisch begabt, ob leistungsstark oder benachteiligt: Das Handwerk eröffnet die Chance, sich zu entwickeln und ein selbstbestimmtes Leben zu führen, aber auch einen Beruf zu ergreifen, der eine starke Zukunft hat. Unlängst,

Corona war schon da, meinte ein Handwerksmeister zu mir: »Wir im Handwerk müssen weiter ausbilden. Wir müssen den jungen Menschen bei uns doch eine Perspektive bieten.« Das zeigt, wie tief verankert das Verantwortungsgefühl in unserem Wirtschaftsbereich ist. Die Kultur in eher kleinen, meist Familienbetrieben fördert Toleranz und Verständnis. Hier ist man als Auszubildende(r) nicht nur eine anonyme Nummer, sondern quasi ein Familienmitglied. Hier wird oft auch über die eigentliche Ausbildung hinaus Orientierung vermittelt.

Engagement für die Region

Verantwortung übernehmen viele Handwerker weit über den eigenen Betrieb hinaus. Ihr Engagement reicht von Sport- und Brauchtumsvereinen über Kirchengemeinden und freiwillige Feuerwehren bis hin zur handwerklichen Selbstverwaltung. Etliche sind in ihrer Heimat ehrenamtlich aktiv. Ist es nicht so, dass es oft am Einsatz Einzelner liegt, ob ein Fußballfest stattfinden kann oder in welchem baulichen Zustand die Vereinsräume sind? Oft ist da der Einsatz von Handwerkerinnen und Handwerkern unabkömmlich: vom Anpacken vor Ort über Sachleistungen bis hin zum Einbringen von Know-how.

Verantwortungsbewusstsein gegenüber Kunden

Eine Orientierung an Werten zeigt sich auch in der Beziehung zwischen Handwerker und Kunde. Handwerksunternehmen sind vor Ort angesiedelt und kennen ihre Kunden persönlich und seit Jahren, es gibt sehr viele Stammkunden. Daraus entsteht bei den Kunden Vertrauen und bei den Handwerksunternehmen die Verpflichtung zu besonderer Qualität. Nicht umsonst bezeichnet die bundesweite Imagekampagne das Handwerk als ›Wirtschaftsmacht von nebenan‹. Und diese Macht lässt den Kunden auch nicht im Stich, selbst in Krisenzeiten wie der Corona-Pandemie ist sie für ihre Kunden da und garantiert weiterhin die Versorgung vor Ort. Selbst wenn es mal über die eigentliche Arbeitszeit hinausgeht. Nicht ein Gongschlag läutet den Feierabend ein, vielmehr geht es darum, ob die defekte Heizung wieder die Räume erwärmt, die frischen Back- und Teigwaren für den Verkauf bereitstehen oder die Bauprojekte termingerecht laufen.

Der 1957 in Regensburg geborene **Dr. Georg Haber** ist Inhaber des Familienunternehmens Haber & Brandner GmbH. Als Präsident der Handwerkskammer Niederbayern-Oberpfalz ist er außerdem Vermittler zwischen Arbeitgebern, Auszubildenden und Arbeitnehmern.

Nachhaltigkeit als Essenz

Gesellschaftliche Verantwortung beweisen Handwerker auch in Sachen Nachhaltigkeit und Umwelt: Sie reparieren, warten und pflegen, damit Dinge nicht weggeworfen werden. Sie arbeiten ressourcenschonend, verarbeiten Rohstoffe optimal, beschaffen Materialien meist auf kurzen Wegen. Das Wirken der Betriebe ist heute schon in vielen Bereichen nachhaltig. Nachhaltigkeit ist quasi die Essenz der Betriebe. Das geht damit los, dass ein Betrieb langfristig ausgerichtet ist und nicht nur dem schnellen Geschäft nachjagt. So gesehen, trägt das Handwerk vielfach zu einem lebendigen demokratischen Gemeinwesen bei, das von Verantwortung, Respekt vor dem Nächsten, vor der Umwelt und von Menschlichkeit geprägt ist.

Für die Zukunft würde ich mir wünschen, dass noch mehr junge Menschen einen Handwerksberuf ergreifen und dass es uns gelingt, sie für die Welt des Handwerks zu begeistern. Außerdem setzen wir viel daran, auch mehr junge Frauen für vermeintlich typisch männliche Berufe zu interessieren. Die jungen Frauen, die es gewagt haben, haben ihren großen Erfolg längst bewiesen. Aber es entscheiden sich noch immer zu wenige für einen MINT-Beruf.

» 100 Jahre Frauenwahlrecht bedeuten 100 Jahre Demokratie. Man kann nicht von Demokratie sprechen, wenn die Hälfte der Bevölkerung kein Wahlrecht hat. «

Dr. Isabel Rohner

NIEMALS AUFGEBEN!

Von Dana Cisse

Ich bin Dana Cisse und bin in Burkina Faso in Westafrika geboren. Dort bin ich auch zwei Jahre zur Schule gegangen. Im Alter von sieben Jahren bin ich mit meiner Mutter nach Deutschland gekommen. Am Anfang war es gar nicht leicht für mich, weil ich die deutsche Sprache nicht kannte und auch sonst alles mir fremd war. Es wurde schöner, als ich zur Schule gegangen bin und Freundschaften geknüpft habe. Bereits seit drei Jahren besuche ich eine Mittelschule in München. Die Schule in Deutschland ist kostenlos, und das freut mich. Es freut mich auch, dass ich hier eine gute Ausbildung bekomme und später vielleicht studieren kann. Ich habe bereits als kleines Kind getanzt und gesungen, und in dem Haus, in dem ich wohne, habe ich mit meinen Freundinnen eine Tanzgruppe gegründet – Die Afrolights. Um als Gruppe zu tanzen, braucht es viel Ausdauer und Arbeit, aber es macht auch sehr viel Spaß!

Im hauseigenen Theater sind wir auch ein paarmal erfolgreich aufgetreten. Außerdem gibt es hier genug zu essen für alle, und man bekommt in Notsituationen viel Hilfe.

Ich finde es sehr wichtig, dass Frauen und Männer gleichberechtigt sind, dadurch können Frauen arbeiten und für sich selbst sorgen. Das ist in so vielen Ländern auf der Welt nicht der Fall. Dort dürfen Mädchen oft noch nicht einmal zur Schule gehen.

Wenn ich Bundeskanzlerin wäre, und ich möchte die erste Schwarze Bundeskanzlerin werden, dann würde ich mich für Menschenrechte, Gleichberechtigung und gegen Rassismus einsetzen. Ich würde auch ändern, dass manche Menschen so reich und andere so arm sind. Wer gleich viel arbeitet, sollte auch gleich viel verdienen.

Ich würde mich auch für den Schutz von Natur und Umwelt einsetzen.

Jeder von uns kann dazu beitragen: bewusst einkaufen, Plastikmüll vermeiden, Strom und Wasser sparen. Wenn wir alle zusammenhalten, können wir viel bewirken.

Aus diesem Grund kann ich mir auch vorstellen, einmal politisch aktiv zu werden, darum gebe ich gerade mein Bestes in der Schule, und mein Motto ist: »Niemals aufgeben!«

Unsere Bundeskanzlerin, Frau Dr. Angela Merkel, hat sich auch für die Frauenrechte eingesetzt. Das finde ich sehr gut.

Sie ist die erste deutsche Bundeskanzlerin, sie hat also das wichtigste Amt in diesem Land. Das ist ein Vorbild, gerade auch für Mädchen wie mich, die aus einer anderen Kultur kommen, in der Frauen oft benachteiligt werden.

Ich finde es großartig, dass man in einer Demokratie seine Meinung frei sagen kann, muss aber auch akzeptieren, dass man beleidigt wird, wenn man es tut. Ein Land, in dem die Bürger die Zukunft mitentscheiden dürfen und bei der Wahl gleichberechtigt sind, ist das Land, in dem ich mit meiner Familie und meinen Freunden glücklich leben will. Für mich ist das Deutschland.

Dana Faiza Cisse wurde 2007 in Ouagadougu, Burkina Faso, geboren. Mit ihrer Mutter kam sie im Alter von sieben Jahren nach Deutschland, wo sie seither lebt. Sie besucht eine Mittelschule in München. Später möchte sie sich einmal politisch engagieren, denn ihr liegt besonders am Herzen, dass Mädchen die gleichen Chancen haben wie Jungen.

EIN ORT DER FREIHEIT

Von Julia Leeb

Auf dem Weg in die Bibliothek in Alexandria biege ich wie jeden Tag in die kleine, wenig belebte Gasse hinter der Corniche ein, doch heute sind ungewöhnlich viele Menschen da. Ich sehe, wie Polizisten brutal auf Demonstranten einprügeln und sie in ihre Busse zerren. Kein Mensch versucht zu intervenieren. Alle schauen weg. Seit einem Jahr lebe ich nun schon hier in Ägypten, und die Revolution ist zwar noch zwei Jahre entfernt, doch seit Tagen beobachte ich immer wieder, wie kleine Demonstrationen erbarmungslos im Keim erstickt werden.

Noch aufgewühlt von dem Gesehenen, durchquere ich verspätet die lichtdurchflutete Halle der Bibliothek auf dem Weg in mein Klassenzimmer. Der Kurs »Building a culture of peace« läuft erst seit wenigen Wochen, doch dieser Ort ist mein Zuhause geworden. Mein Refugium, abseits der immer angespannteren Lage da draußen.

Leidenschaftlich plädiert unsere Professorin Alicia Cabezudo für Demokratie. Immer wieder macht sie uns klar, dass Demokratie kein Dauergeschenk ist. »Irgendjemand hat für eure Freiheit, für eure Rechte gekämpft, vielleicht sogar mit dem Leben dafür bezahlt.« Professorin Alicia predigt keine wohlfeile Gratismoral. In Argentinien hat sie selbst gegen die Militärdiktatur gekämpft. Viele ihrer Freunde wurden eingesperrt oder verschwanden für immer. »Demokratie ist nicht statisch. Ihr müsst immer, immer wieder aufstehen und sie euch erobern.«

In den Räumen des Forschungsinstituts macht das freiheitliche Denken Sinn. Hier wird den Student*innen erklärt, was für mich selbstverständlich ist: Bürger haben Rechte. Frauen genauso viele wie Männer. Man hat das Recht, sogar die Pflicht, die Wahrheit auszusprechen. Doch draußen herrschen andere Gesetze. Im Juni 2010 zerren Polizisten einen Blogger aus einem Internetcafé, nicht weit von unserer Bibliothek. Auf offener Straße wird er am helllichten Tag totgeprügelt. Niemand traut sich, einzuschreiten. Dann wird der Leichnam wie Müll am Straßenrand abgeladen. Schädel, Nase und Zähne des 28-Jährigen sind eingeschlagen, der Brustkorb eingedrückt. Wie lange, denke ich mir, wie lange kann man so ein Unrecht, das hier täglich geschieht, hinnehmen? Einer von vielen überflüssigen Gewaltakten. Ein weiterer sinnloser Tod, der in Vergessenheit geraten wird, denke ich mir. Doch ich irre. Nur wenig später wird ebendieser Blogger zu einer Symbolfigur der Revolution.

Welch ein kostbares Geschenk wurde mir zuteil, indem ich am richtigen Ort, in der richtigen Zeit geboren wurde. Welch ein Pech für andere. Warum leben einige Völker in Demokratien und andere unter autokratischen Regierungen, gar Diktaturen, aus denen sie sich nicht mehr selbst befreien können? Sind wir tatsächlich gefangen in dem ewigen Verfassungskreislauf, der schon vor über 2.000 Jahren von griechischen Philosophen beschrieben wurde? Nach dieser Theorie lösen sich gute und schlechte Verfassungen in einer Endlosschleife ab. Die neuen Herrschaftssysteme sind jeweils unverbraucht und erwünscht, dann aber machen sich Korruption und Faulheit breit, und eine andere Herrschaftsform löst die alte ab. Die Aristokratie schrumpft durch Sittenverfall zur Oligarchie. Die zunehmende Ungerechtigkeit der Oligarchie führt zum Sturz durch das Volk. Die Demokratie wiederum wird im Laufe der Zeit dekadent. Der Wunsch nach der Herrschaft eines starken Mannes wird lauter. Den anfangs erwünschten Tyrannen jedoch wird man dann nicht mehr so schnell los.

Aktuelle Entwicklungen in Hongkong, Brasilien, der Türkei, aber auch in unseren europäischen Nachbarländern wie Polen und Ungarn lassen auch heute eine Zeitenwende vermuten. Die Menschen, die die Demokratie lieben, erkennen ihre Welt nicht wieder.

Irgendwie ist doch in den letzten 75 Jahren (zumindest für den freien Teil Deutschlands) immer alles gut gegangen. Nach Jahrzehnten in Frieden und wirtschaftlichem Aufschwung wirken diese Gedankenspiele für viele Deutsche surreal. Doch die Wahrheit ist, dass es Entscheidungen gibt, die eben nicht mehr so leicht revidierbar sind. Zeitfenster, die sich schließen. Chancen, die sich nicht wiederholen.

Dabei sind die, die in Unfreiheit leben, immer so weit weg, denn im Alltag nimmt man nur die wahr, die im Licht stehen, über die berichtet wird, in der Presse, im Internet. Die anderen bemerkt man nicht. Wie sollten sie in einer Diktatur auch auf Social Media posten und sich bemerkbar machen? Doch nur weil man sie, die Einwohner Nordkoreas, die chinesischen Aktivisten, die turkmenischen Journalisten und die saudischen Feministinnen, nicht ständig sieht, sind sie trotzdem da. Sie dienen uns als Warnung.

Ich fotografiere an Orten, an denen allein das Gesetz des Stärkeren herrscht. Orte, wo die Waffe das beste Argument ist. Orte, wo Macht sofort gegen Schwächere ausgenutzt wird. Orte, an denen es keine Gemeinschaft gibt, sondern nur temporäre Koalitionen, vereint im Kampf und im Feindbild. Orte, die verschlossen sind für Journalisten und aus denen somit keine Nachrichten nach außen dringen. In denen niemand über Missstände sprechen darf, denn eines haben sie alle gemeinsam: Das erste Opfer einer nicht demokratischen Regierung ist die Pressefreiheit. So wird das Korrektiv zum Schweigen gebracht. Die Opfer nehmen ihre Lebensläufe mit ins Grab, sie sollen vergessen werden. Das

Monopol auf die Wahrheit geht auf die Regierenden über. Jegliche Abweichung davon ist Verrat.

Wer möchte an einem solchen Ort leben?

Warum also stehen wir nicht ein für das einzige System, das einem jeden ermöglicht, teilzuhaben, mitzusprechen und mitzugestalten?

Woran liegt es, dass wir Angst vor der Freiheit zu haben scheinen? Denn nichts anderes ist Demokratie. Liegt es daran, dass Freiheit immer mit Verantwortung einhergeht? Ein unfreier Mensch kann nicht kreativ, nicht innovativ sein. Der selbstbestimmte Mensch kann nur in Freiheit scheitern, aber nur in Freiheit kann er auch Träume Realität werden lassen.

In Zeiten wie diesen denke ich oft an Professorin Alicia zurück. Sind wir schon so weit? Hat sich in unser demokratisches Dasein eine unverzeihliche Nachlässigkeit eingeschlichen? Eines ist sicher: Wenn wir sie verlieren, die Demokratie, dann ist nicht der Tyrann daran schuld. Nicht er wird es uns angetan haben – wir selber tun es uns an.

Julia Leeb, geboren in München, arbeitet als Fotojournalistin und Filmemacherin mit Schwerpunkt auf Virtual Reality. Für ihre Arbeit reist sie immer wieder in Kriegs- und Krisengebiete wie den Kongo, Syrien, Libyen, Südsudan. Ihre Bilder wurden in zahlreichen internationalen Zeitungen und TV-Sendern veröffentlicht. 2016 wurde sie von *Elle* zu einer der 80 internationalen Charakterköpfen und von REFINERY29 zu einer der 29 inspirierendsten Frauen Deutschlands gewählt.

WERTE ALS AUFGABE

Von Ilse Aigner

Werte sind wie Wurzeln. Sie geben uns Halt und Kraft. Sie verankern uns in der Welt. Werte haben ihren Ursprung in Erziehung, Tradition, Religion und auch in unserem Grundgesetz. Artikel 1 lautet: »Die Würde des Menschen ist unantastbar.« Dieses Bekenntnis geht mit der Überzeugung einher, dass jeder Mensch gleichwertig und gleichberechtigt ist – ohne Ansehung von Geschlecht, Herkunft, Hautfarbe, Religion, Aussehen oder anderer konstruierter Kriterien. Aus der Menschenwürde leiten wir Werte wie Toleranz und Respekt ab. Hass und Hetze wachsen dort, wo sich Menschen über andere Menschen stellen, wo »der andere« abgewertet und ausgegrenzt wird. Diesem verachtenden Gedankengut entgegenzuwirken, ist zentraler Teil meiner politischen Agenda. Ich bin immer für Debatte und Differenzierung. Aber: Wer blind vor Hass und Verblendung ist, wer Extremisten und andere Randalierer, die unser Gemeinwesen zerstören wollen, nicht ächtet, sondern sich mit ihnen gemein macht, zieht sich aus der demokratischen Debatte zurück. Verschwörungsmythen, Antisemitismus, Rechtsextremismus, Fanatismus vieler Couleur – all dem müssen sich überzeugte Demokraten entschieden entgegenstellen! Meine Überzeugung ist: Feinde der Demokratie haben in unserem Land nichts verloren – nicht vor den Parlamenten und nicht in den Parlamenten!

Fanatiker machen es sich leicht, weil sie andere Menschen, andere Anschauungen und eine offene Debatte schlicht verachten. Demokraten

hingegen sind zum Wohle einer friedlichen, respektvollen Gesellschaft am Ausgleich der unterschiedlichen Einstellungen und Bedürfnisse interessiert. Das gilt insbesondere für essenzielle Werte wie Freiheit, Frieden, Solidarität, Sicherheit, Rechtsstaatlichkeit und Gerechtigkeit.

Blicken wir auf Corona! Die Devise lautet: So viel Schutz wie nötig, so viel Freiheit wie möglich. Dasselbe gilt für die Bekämpfung von Terrorismus und Kriminalität. Am Ende geht es immer um die Frage: Wie viele Freiheitseinschränkungen sind hinnehmbar und zwingend nötig, um das Bedürfnis nach größtmöglicher Sicherheit zu befriedigen? Ein anderes Beispiel ist der Klimaschutz. Die Wahrung unserer Schöpfung liegt mir sehr am Herzen. Aber auch hier treffen Werte aufeinander. Es gilt, Entscheidungen zu treffen, die nachhaltig sind und Ökologie, Ökonomie sowie Soziales klug und verantwortungsvoll zusammenbringen.

Oder denken wir an Whistleblower, die zwischen Loyalität und Ehrlichkeit entscheiden müssen, etwa wenn in einer Firma illegal gehandelt wird oder wenn in einem Chat extremistische Inhalte ausgetauscht werden! Denken wir an Mitschülerinnen oder Mitschüler, die gemobbt werden, oder an Klassenkameradinnen oder -kameraden, die sich rassistisch oder judenfeindlich äußern! Hier kollidieren Freundschaft und Gruppenzugehörigkeit mit Anstand, Zivilcourage, Mitmenschlichkeit. Ich verstehe, dass man keine »Petze« sein will. Aber wer schweigt, nimmt sich selbst die Stimme. Wer wegschaut, lässt andere Fakten schaffen.

Daher freut es mich, dass sich so viele junge Menschen politisch und gesellschaftlich engagieren. Mein Einstieg in die Politik war der Gemeinderat. Dort kämpfte ich für ein Ferienprogramm und für einen Nachtbus, damit junge Leute auch nachts mit öffentlichen Verkehrsmitteln sicher nach Hause kamen und übrigens immer noch kommen. In der Zeit war ich beruflich als Elektrotechnikerin in der Systemelektrik für Hubschrauber tätig. Eine politische Karriere war nicht geplant.

Aber es hat mich beflügelt, etwas verändern zu können. Ich habe gelernt, dass Streit und Debatte grundlegende Bestandteile unserer Demokratie sind und dass es darum geht, im Kompromiss die unterschiedlichen Werte zusammenzubringen.

Ilse Aigner wurde am 7. Dezember 1964 geboren und ist eine Politikerin der CSU und seit November 2018 Präsidentin des Bayerischen Landtags. Seit 2011 ist sie Vorsitzende des größten CSU-Bezirksverbands Oberbayern.

Zu den prägenden Erfahrungen meiner Jugend gehört der Zusammenhalt in der Familie und in Vereinen. Füreinander-da-Sein, Aufeinander-Achtgeben – davon lebt unsere gesamte Gesellschaft. Freiheit, Demokratie, Gerechtigkeit, Menschlichkeit – die Werte, die uns wertvoll sind, sind nie nur Gabe. Sie sind eine immerwährende Aufgabe. Wir tragen Verantwortung dafür, sie zu wahren, zu verteidigen und weiterzugeben.

» Wenn die Demokratie müde wird, wird es gefährlich. «
Herta Müller

GERECHTE BETEILIGUNG! EIN WERT NICHT NUR FÜR DIGITALE ZEITEN

Von Dr. Alexander Filipović

Mir ist der Wert der gerechten Beteiligung besonders wichtig.
Menschen sollen immer die Gelegenheit haben, sich zu beteiligen, sich einzumischen, die Stimme zu erheben. Ich meine, dass gleiche Beteiligungsmöglichkeiten ein wichtiges Gütezeichen unserer modernen Gesellschaft sind.

Unsere Gesellschaft war bis in das 20. Jahrhundert hinein dadurch gekennzeichnet, dass kulturelle und politische Teilhabe nicht für alle Menschen möglich war. Geld, gesellschaftliche Stellung, das Geschlecht, Religionszugehörigkeit usw. bestimmten, wer wo mitreden und mitgestalten konnte.

Wir denken vielleicht, dass wir in Sachen »Beteiligung« heute keine großen Gerechtigkeitsprobleme mehr haben. Aber das stimmt nicht. Vor allem für arme Menschen und Menschen mit wenig Bildung bzw. Ausbildung ist es schwer, wirklich mitzumachen. Nachrichten, Politik, Musik, Videos und Filme – klar, das kriegen viele mit. Aber es geht bei Beteiligung nicht nur darum, dass wir mitbekommen, was geschieht, dass wir informiert werden. Es geht darum, dass wir in der Lage sind, die Verhältnisse auch zu verändern.

Sich politisch oder kulturell eine Meinung zu bilden, ist ein komplizierter Vorgang. Diese dann zu äußern und mit anderen darüber

Dr. Alexander Filipović ist Professor für Medienethik an der Hochschule für Philosophie in München. Er studierte in Bamberg Katholische Theologie, Germanistik und Kommunikationswissenschaft. In seinen Forschungen und Vorträgen beschäftigt er sich u.a. mit der Ethik des Journalismus und der Digitalisierung. Als christlicher Sozialethiker interessieren ihn Fragen sozialer Gerechtigkeit. Er leitet zusammen mit Klaus-Dieter Altmeppen das zem::dg – Zentrum für Ethik der Medien und der digitalen Gesellschaft (zemdg.de).

zu diskutieren, ist noch viel schwerer. Meist gibt es viel zu bedenken, Sachen sind kompliziert, wir müssen nicht zuletzt eigene Vorurteile überwinden. Das allein sind schon hohe Anforderungen. Und dann müssen wir diese Meinung auch gut formulieren, sie geschickt und zur passenden Zeit äußern – meist machen das dann nur einige wenige und oft immer dieselben. Zu viele Stimmen werden nicht gehört, weil sie gar nicht erst laut werden. Die Zuschauenden vom Rand sollten aber immer dann, wenn sie es wollen, zu Mitmachenden in der Mitte werden können.

Eine Chance für mehr Beteiligung sind die digitalen Medien. Sie können helfen, dass Menschen mitreden und sich äußern. Vor allem junge Menschen finden im Netz bei TikTok, YouTube, Instagram und Co. Möglichkeiten, sich auszudrücken, sich mitzuteilen, die Welt mit ihrer Kreativität in ihrem eigenen Sinne zu verändern. Aber auch das ist schwierig. Mitschwimmen kann fast jeder, aber das ist nicht immer genug. Denn einfach nur dabei zu sein und die Regeln dadurch zu bestätigen, macht die Welt noch nicht besser, gerechter, lebenswerter, zukunftssicherer.

Eine Gesellschaft ist dann gerecht, wenn sie echte und konkrete Beteiligungsmöglichkeiten für jede und jeden bereithält, die Welt im Kleinen wie im Großen gerechter, nachhaltiger und besser zu machen. Diese Möglichkeiten entstehen nicht von selbst, sie müssen geschaffen werden durch Bildung, Inklusion, Anerkennung, pluralitäts- und diversitätsfreundliche Umgebungen. Genau das ist die Verantwortung und Pflicht derjenigen, die bereits heute schon die Macht haben, die Welt zu gestalten.

MANCHAU GAGOG CHANGAU GAGOG CHAUGO GAGOG AMAUG ODER WAS NACHHALTIGKEIT MIT DEMOKRATIE ZU TUN HAT

Von Alfons Schuhbeck

In den letzten Jahren habe ich kein Wort so oft gehört wie »nachhaltig«. Je öfter ich es hörte, desto nachdenklicher wurde ich. Denn auf nichts wird in aller Welt so viel Wert gelegt und so viel Hoffnung gesetzt wie auf das, was die altmodisch klingende Nachhaltigkeit meint. Sie geht mir nahe, weil ich in einem Beruf arbeite, in dem man nicht überleben kann, wenn man seine Gäste nur einmal sieht. Und weil ich Kinder habe.

Für deren Zukunft wünsche ich mir, dass die Bedeutung von Nachhaltigkeit der Gesellschaft wieder so bewusst und klar wird wie zu jener Zeit, als die Menschen noch als Jäger und Sammler überleben mussten. Und so dachten wie die Indianer in Südamerika, die an den Ufern eines Sees mit diesem schönen Namen lebten: »Manchau gagog changau gagog chaugo gagog amaug«. Das lässt sich etwa so übersetzen: »Wir fischen auf unserer Seite, ihr fischt auf eurer Seite, und niemand fischt in der Mitte.« Kann man nachhaltiger mit den lebensnotwendigen Ressourcen umgehen?

Nicht nur in Berlin, überall in unserer politischen Welt verheißen seit Langem die Regierungen gebetsmühlenartig, dass eine nachhaltige Landwirtschaft die Grundlage für eine leistungsfähige Ernährungs-

wirtschaft ist. Dennoch nehmen sie aber gleichzeitig hin oder forcieren sogar, dass die Foodindustrie die Richtlinien von Ackerbau und Viehzucht bestimmt, dass große Mengen an Dünger, Pestiziden und Herbiziden verwendet werden, die dauerhaft Grundwasser und Böden sowie unser Essen chemisch belasten, und dass blühende Landschaften in Monokulturen zum Zwecke der Massentierhaltung verwandelt werden ...

Was heißt das für mich als Koch, der »nachhaltige Produkte« verwenden soll? Schön war die Zeit, als die Gäste noch das bestellten, was in seiner Saison am besten schmeckte und was aus der nächsten und näheren Umgebung am leichtesten zu beschaffen war. Doch die Transportmöglichkeiten und die Globalisierung veränderten die Essgewohnheiten und verdrängten den Nachhaltigkeitsgedanken. Nehmen wir das Beispiel Spargel. Sobald Ende Februar die ersten Stangen aus Bodenheizung hervorgeholt werden, meinen viele Bauern, Köche und Konsumenten, mit dem ersten Spargel Eindruck schinden zu können, obwohl der bloß nach stillem Wasser mit künstlich wirkendem Spargelaroma schmeckt. Ab dann ist der Spargel aber hierzulande so gefragt, dass er in rauen

Mengen beispielsweise aus Peru eingeflogen wird. Und wenn endlich der ungleich besser schmeckende Freilandspargel aus Schrobenhausen gestochen werden kann, hat der typische Deutsche schon so viel Spargel gegessen, dass er das beste Angebot verschmäht. Kein Gastronom muss die allgemeine Unsitte mitmachen, aber kaum einer kann es sich leisten, am Tisch eine Nachhaltigkeitsdebatte zu beginnen.

Der Nachhaltigkeitsgedanke hätte eine größere Chance, wenn es uns Gastronomen gelänge, das Gästebewusstsein zugunsten von mehr Saison und mehr Region zu verändern. Allein schaffen wir das nicht, weil wir als Dienstleister einen schönen Abend oder Mittag bereiten sollen und nicht als Weltverbesserer oder Bevormunder gefragt sind. Also brauchen wir Hilfe. Ich erwarte sie mittlerweile am ehesten von den jungen Gästen. Mir gefällt, wie eine junge Generation auf die Straße geht und für mehr Umweltschutz kämpft und dafür, dass niemand in der Mitte fischt.

Alfons Schuhbeck, geboren 1949, betreibt Restaurants (Südtiroler Stuben am Platzl u. Orlando am Platzl) Gewürzläden (München, Regensburg u. Altötting) Tee- und Schokoladenladen sowie einen Eissalon. Er bekam einen Michelin-Stern, 1989 wurde er »Koch des Jahres« im Gault&Millau. Er betreut die Vereinsgastronomie des FC Bayern München, schrieb 75 Bücher und beschäftigt 130 Mitarbeiter.

DEMOKRATIE IST SELBSTLIEBE

Von Jermabelle Westner

In welcher Gesellschaft möchte ich leben? Was bedeutet Freiheit für mich? Oder was bedeutet es, eine Stimme zu haben, gehört zu werden? Was habe ich eigentlich als Mensch für Werte, und wie kann ich sie ausleben? Diese Fragen helfen mir bei meiner tiefgehenden Analyse meines Selbst. Je älter ich werde, desto mehr beschäftige ich mich mit meinen eigenen Bedürfnissen und Vorstellungen vom Leben. Demokratie ist mehr als nur Politik. Denn ich habe verstanden, dass Demokratie mit meinem eigenen Wohlergehen zu tun hat. Ich begegne ihr jeden Tag! Beim Bäcker, wenn ich mich zwischen einem Vollkornbrot oder einer Brezel entscheiden darf. Ob ich die U-Bahn oder doch lieber den Bus nehmen soll. Mir wurde bewusst, dass hinter den Entscheidungen, die ich tagtäglich treffe, meine Werte stehen. Als mir klar geworden ist, wie viel von mir in jeder meiner Entscheidungen steckt, stellte ich fest, wie vielfältig ich bin. Also begann ich mich auf die Reise meiner Werte zu machen. Die Toleranz, jeden Menschen so zu akzeptieren, wie er ist, die Solidarität, sich mit allen Menschen verbunden zu fühlen, die Verantwortung gegenüber mir selbst und gegenüber der Gesellschaft. Diese Werte und viele mehr gehören zu mir. Und sie machen mich stark.

Sie geben mir die Kraft und den Mut, meine Visionen zu verwirklichen, ich zu sein und für mich und meine Überzeugungen einzustehen und zu sprechen. Wenn jeder die eigenen Werte anerkennt und sich bewusst macht, dass jeder die Verantwortung für seine eigenen Schritte trägt, können wir in einer schönen, friedvollen und starken Gesellschaft leben. Da ich selbst die Erfahrung gemacht habe, in einem Land zu leben, in dem Demokratie nicht akzeptiert wird, bin ich sehr dankbar, dass ich jetzt in einem demokratischen Land die Freiheit habe, mich selbst zu äußern, und vor allem, eine junge Frau mit starkem Willen sein zu dürfen. Ich nutze genau diese Chance, meine Werte zu erkennen, sie zu fördern und damit meiner Selbstliebe entgegenzugehen. Auf diesem Weg gründete ich zusammen mit meinen Freunden einen Hilfsverein. Matulong-hilfreich e. V. besteht aus jungen engagierten Mitgliedern, die trotz aller persönlichen Unterschiede eine Vision teilen: Jeder Mensch ist wertvoll und hat es verdient, ein selbstbestimmtes und glückliches Leben zu führen. Wir konzentrieren uns auf die vielen Möglichkeiten, die es gibt, benachteiligten Menschen diese Lebenseinstellung zu vermitteln und sie bei deren Umsetzung zu unterstützen. Durch unsere humanitäre und ehrenamtliche Arbeit bei Matulong entdecken wir immer mehr, wie viele starke Werte in jedem von uns stecken. Jetzt habe ich verstanden, dass ich stark und vielfältig bin und dass wir gemeinsam viel stärker und noch vielfältiger sind. Danke, Demokratie. Danke, dass ich die Freiheit habe, ICH zu sein. Durch dich lerne ich, mehr und mehr mich selbst zu lieben.

Jermabelle Westner wurde am 31.7.1995 in Manila, Philippinen, geboren. Mit elf Jahren wurde sie von einer Familie aus Bayern adoptiert. Aufgrund ihrer Kindheitserfahrung als Vollwaise in den Slums von Manila gründete sie im Alter von 23 Jahren die Hilfsorganisation Matulong-hilfreich e. V., die sich für die Rechte und Bildung von Kindern und Frauen einsetzt. Heute lebt sie in München, wirkt bei verschiedenen Projekten mit und verwirklicht dadurch nach und nach ihre Visionen.

NUR EINE DEMOKRATIE, DIE ALLE MITEINBEZIEHT, IST NACHHALTIG

Von Nahid Shahalimi

Zu den wichtigsten Bestandteilen eines demokratischen Systems zählen Werte wie Inklusion, Verantwortlichkeit, Transparenz und insbesondere Freiheiten. Die Charta der Grundrechte der Europäischen Union führt unter anderem folgende »Freiheiten« auf: »Recht auf Freiheit und Sicherheit«, »Achtung des Privat- und Familienlebens«, »Schutz personenbezogener Daten«, »Recht, eine Ehe einzugehen und eine Familie zu gründen«, »Gedanken-, Gewissens- und Religionsfreiheit«, »Freiheit der Meinungsäußerung und Informationsfreiheit«, »Freiheit der Kunst und der Wissenschaft«, »Recht auf Bildung«, »Asylrecht« und »Schutz bei Abschiebung, Ausweisung und Auslieferung«.

Als ehemalige Geflüchtete und Einwanderin und als afghanisch-kanadische Frau, die heute in Deutschland lebt, konnte ich die bedeutendsten Freiheiten der demokratischen Systeme, in denen leben zu dürfen ich das Glück hatte, in Anspruch nehmen; zum Beispiel Hochschulbildung in unterschiedlichen Fachgebieten, das Recht, professionell Sport zu treiben, das Recht, meine verschiedenen Berufe auszuüben, was ich mit Leidenschaft und Stolz tue, oder das mir zugestandene Recht auf die für mich wichtige Vielfalt an Identitäten; eine davon ist es, eine afghanische Frau zu sein. Diese schwer erkämpften Freiheiten und Rechte werden in westlichen Gesellschaften heute oft für selbstverständlich gehalten, so, als würden sie seit Urzeiten allen schon von Geburt an zuteil, auch Frauen und Minderheiten.

Ich aber meine, dass unsere demokratische Ordnung viel stärker gefährdet ist, als wir glauben, solange wir nicht mit größerem Nachdruck eine langfristige Politik verfolgen, mit der sich die Defizite hinsichtlich Gleichstellung und Gerechtigkeit abbauen lassen, die tief in unseren sozialen, politischen, kulturellen und akademischen Strukturen verankert sind. Das gilt insbesondere für alle Defizite bezüglich Inklusion und Gender. Ich will hier nicht im Einzelnen darauf eingehen, ob wir im Westen, in den hochgelobten demokratischen Systemen der sogenannten freien Welt, für die Einhaltung der genannten Werte auch Verantwortung übernehmen oder ob wir nicht sogar manche der in Kapitel 2 der Charta angeführten Grundrechte zum Teil oder in Gänze übergehen. Dieses Thema ist zwar von großer Wichtigkeit, aber die Diskussion darüber würde deutlich mehr Raum einnehmen, als ein einzelnes Kapitel bietet.

Außerdem möchte ich betonen, dass die hier vorgenommene Konzentration auf die Geschlechtsidentitäten von Frau und Mann andere Geschlechtsidentitäten als diese in keiner Weise herabwürdigen oder die Bedeutung der Inklusion von LGBTQ+-Gemeinschaften und anderen Minderheiten weltweit übergehen soll.

Während des Studiums der politischen Wissenschaften und bei meiner Arbeit in den zurückliegenden zwei Jahrzehnten habe ich vor allem die Aufmerksamkeit auf Themen gelenkt und Anliegen vertreten, die meiner Ansicht nach bei Entscheidungsfindungen meist außer Acht gelassen werden. Dabei habe ich mich insbesondere auf Frauen- und Mädchenrechte und -freiheiten konzentriert, oft auch mit unkonventionellen Mitteln: durch künstlerisches Storytelling in verschiedenen Medien, Gemälde, das geschriebene Wort und jetzt das Filmemachen. Um damit Räume für den demokratischen Dialog zu eröffnen.

In der derzeitigen unruhigen Phase der menschlichen Geschichte werden wegweisende Entscheidungen, die die Menschenrechte insgesamt schützen, zunehmend in Zweifel gezogen und fast täglich unter Beschuss genommen. Ein Beispiel für eine solche Entscheidung ist die berühmte, alles verändernde Grundsatzentscheidung des Obersten Gerichtshofs der USA im Fall Roe v. Wade von 1973. Damit wurde in fast allen Bundesstaaten die Abtreibung legalisiert und ein gesetzliches Verbot des Schwangerschaftsabbruchs für nichtig erklärt. Roe v. Wade kann nicht nur den Rang als wichtigste höchstrichterliche Entscheidung in der Geschichte der USA beanspruchen, die die Verfügungsgewalt von Frauen über ihre Gesundheit und ihr Fortpflanzungssystem schützt, sondern ist bis heute auch eines der wichtigsten Ereignisse in der weltweiten Frauenbewegung. Als Verfechterin der reproduktiven Selbstbestimmungsrechte von Frauen will ich diese Freiheit in den westlichen demokratischen Rechtswesen gewahrt wissen – im Gegensatz zu manch konservativer Regierung, die Abtreibungen entweder für gesellschaftlich inakzeptabel und ungeachtet der Umstände für illegal hält oder nur dann für möglich, wenn die Gesundheit der Person, die den Fötus austrägt, oder jene des Fötus selbst in Gefahr ist.

Trotz dieser schwer erkämpften Freiheit (das Recht auf einen Schwangerschaftsabbruch) »haben wiederholte Angriffe seit 1973 den Geltungsbereich von Roe v. Wade eingeschränkt, wenngleich (noch) nicht aufgehoben«, schreibt Brian Duignan, Redakteur der Encyclopedia Britannica. Die vielfachen Versuche, diese richtungweisende Entscheidung aufzuheben, belegen meine obige Aussage, dass unsere Demokratien fragil sind. Wie Gloria Steinem, eine führende Feministin unserer Zeit, sagen würde, »ist hier eine tiefenwirksame Politik am Werk«.

Solche Versuche haben bereits einigen Schaden angerichtet; sie haben in die schwer erkämpften Rechte und Freiheiten Breschen geschlagen und sie angreifbar gemacht. Schon bereiten sie den Weg, um weltweite Präzedenzfälle zu schaffen, und das nicht nur mit Blick auf Abtreibungen oder Frauenrechte insgesamt, sondern hinsichtlich aller Minderheitenrechte, die heute den heftigsten Attacken ausgesetzt sind. Ein schwerwiegender Angriff auf solche Freiheiten und Rechte ereignete sich Mitte Oktober 2020, auf dem Höhepunkt der zweiten Welle von COVID-19, als die *NBC* einen Artikel mit folgender Überschrift brachte: »In Texas dürfen Sozialarbeiter (den Dienst an) LGBTQ+- und behinderten Kunden ablehnen«. Darunter stand zu lesen: »Auf Empfehlung des republikanischen Gouverneurs Gregg Abbott beschloss das texanische Board of Social Work Examiners letzte Woche einstimmig eine Änderung seiner Satzung, um den Schutz von sexueller Orientierung, Genderidentität und Behinderung aufzuheben.« Ich frage mich, ob das Board dieses Recht auch dann einstimmig abgeschafft hätte, wenn bei der Entscheidung ein Mensch mit Behinderung oder aus der LGBTQ+-Gemeinschaft mit dabei gewesen wäre?

Obwohl nach wochenlangen wütenden Protesten von Abgeordneten und Lobbyisten des Texas Behavioural Health Executive Center der Schutz wieder eingeführt wurde, ändert das nichts an der Tatsache, dass unsere Entscheidungsgremien nicht sämtliche Gesellschaftsgruppen repräsentieren, also nicht vollumfänglich inklusiv und damit gefährdet sind, und dennoch wird über deren Schicksale auf allen Ebenen in Prozessen, die demokratisch sein sollten, einstimmig entschieden.

Ein weiteres Beispiel für diese Gefährdungen ist Polen mit seinen eklatanten »Verletzungen seiner Verpflichtung, die Menschenrechte zu schützen«, wie UN-Experten es formuliert haben. Am 27. Oktober 2020 tweeteten sie: »Polen hat legale und sichere Schwangerschaftsabbrüche unmöglich gemacht.« Ferner hat die BBC berichtet, dass über 100 Kommunalverwaltungen, etwa ein Drittel des Landes, sich Mitte 2020 zu »LGBT-freien Zonen« erklärt haben: »In Polen haben Dutzende Kleinstädte erklärt, frei von der ›LGBT-Ideologie‹ zu sein.«. Dass Politiker den Rechten von Homosexuellen ablehnend gegenüberstehen, wurde zum Streitpunkt, der die religiöse Rechte und liberaler gesinnte Polen gegeneinander aufbrachte. Homosexuelle Menschen in diesen Gegenden stehen jetzt vor der Wahl: wegziehen, sich weg-ducken – oder Widerstand leisten.

Wieder stellt sich die Frage, wie viel Mitsprache Frauen und Ver-treter von LGBTQ+ an einer so tiefgreifenden Entscheidung hatten. Soll Polen als europäisches Land unter dieser neuen Ideologie weiterhin finanziell und wirtschaftlich von einer EU-Mitgliedschaft profitieren dürfen? Vergessen wir nicht, dass auch Polen internationale Menschen-rechtsabkommen wie die Allgemeine Erklärung der Menschenrechte oder die Europäische Menschenrechtskonvention unterzeichnet hat.

Ohne die Bedeutung anderer Genderidentitäten oder Minderheiten schmälern zu wollen, sollten wir nicht vergessen, dass Frauen bis vor Kurzem 52 % der Weltbevölkerung stellen, in Entscheidungsprozessen aber nicht einmal zu 50 % repräsentiert sind. »Im aktuellen Verände-rungstempo«, so Klaus Schwab, Gründer und Vorstand des Weltwirt-schaftsforums, das den Global Gender Gap Index*[*] (mit 153 Staaten 2020) erstellt, »dauert es noch fast ein Jahrhundert, bis wir die Parität erreichen« – »99,5 Jahre«, um genau zu sein. Ich frage mich, wie lange die Generation Z und Minderheiten, die der freien globalisierten Welt mit fortschrittlichen Ansichten und sehr aufgeschlossen begegnen, sich mit dieser Prognose abfinden, die – um es offen zu sagen – als systematische Unterdrückung, sogar in einem demokratischen System, bezeichnet werden kann.

Ob es nun um Roe v. Wade geht, um Polen oder um das Land meiner Geburt, Afghanistan – überall werden Entscheidungen getroffen, die nicht alle gesellschaftlichen Gruppen miteinbeziehen. Afghanistan ist eine islamische Republik, die sich nach einem 40-jährigen Krieg in Friedensverhandlungen befindet: ein Prozess, der für die Stabili-tät der ganzen Region entscheidend ist und in dem Frauen eindeutig unterrepräsentiert und andere Minderheiten gar nicht repräsentiert sind. Wobei im Raum der Friedensgespräche in Doha bis vor Kurzem nicht einmal die Afghanen anwesend waren: Die Taliban und die USA

---

* Seit 2006 beziffert der Global Gender Gap Index die Defizite bei der Gleichstellung der Geschlechter. Anhand von vier Bereichen – Educational Attainment, Political Empowerment, Economic Participation & Opportunity sowie Health & Survival – ermittelt er die Fortschritte auf dem Weg zur Schließung dieser Lücke.

haben den Rahmen gesetzt und über Monate hinter verschlossen Türen über das Schicksal einer ganzen Nation entschieden.

Natürlich lassen sich die afghanischen Friedensverhandlungen nicht in einem Absatz zusammenfassen, denn sie sind viel komplizierter, als es auf den ersten Blick scheint, aber ich bin überzeugt, dass man Räume für den demokratischen Dialog offenhalten muss und es dabei von entscheidender Bedeutung ist, einen auf allen Ebenen alle gesellschaftlichen Gruppen miteinbeziehenden Entscheidungsprozess zu etablieren. Zum Aufbau fairer wirtschaftlicher, politischer, kultureller, gesundheitlicher, sozialer und akademischer Strukturen gehört ein inklusiver partizipatorischer Prozess, der auch die sehr vernachlässigte Generation Z mitnimmt: die Jugend.

Nahid Shahalimi hat seit ihrer Flucht aus Afghanistan in Pakistan, Indien, Kanada, den USA, Spanien und Deutschland gelebt. In Montreal studierte sie u.a. Bildende Kunst und Politik. Seit 2000 lebt sie mit ihren beiden Töchtern in München, wo sie als Künstlerin, Autorin und Aktivistin tätig ist. Sie ist national und international an vielen humanitären Projekten aktiv beteiligt.

» Freiheit ist das Recht, anderen zu sagen, was sie nicht hören wollen. «

George Orwell

WIR MÜSSEN DIE PRESSEFREIHEIT SCHÜTZEN

Von Ursula Heller

Pressefreiheit ist als fundamentales Recht in unserem Grundgesetz festgeschrieben. Und sie ist die Basis einer demokratischen Gesellschaft. Denn die Medien sind auch eine Kontrollinstanz. Berichte über Unrecht, Missbrauch von Macht und Korruption gehören zur öffentlichen Kontrolle. Wir können uns in Deutschland glücklich schätzen. Wie privilegiert es ist, eine freie Presse zu haben, weiß man immer dann besonders zu schätzen, wenn man auf autoritäre Staaten blickt und wie schwierig bis unmöglich es dort ist, als Journalist kritisch zu berichten. Kritische Pressevertreter werden nicht selten eingeschüchtert, weggesperrt oder bezahlen ihre Courage sogar mit dem Leben.

Wir können uns also glücklich schätzen über unsere Pressefreiheit, aber wir müssen sie wie jedes demokratische Grundrecht auch immer wieder schützen und achtsam bleiben, dass diese Freiheit nicht beschnitten wird.

Pauschal von »der« Presse zu sprechen, greift zu kurz. Es gibt die Fachpresse und die Boulevardpresse und darüber hinaus regionale und überregionale Tageszeitungen und Zeitschriften, die sich ernsthaft mit politischer Berichterstattung beschäftigen. Ebenso wie die öffentlich-rechtlichen Fernsehanstalten und einige private News-Kanäle.

Im Zusammenhang mit der Frage, wie frei und wie unabhängig die Presse ist, fiel in den letzten Jahren öfter das Schimpfwort der »Lügenpresse«. Es wurde auf Demonstrationen von Pegida oder der AfD skandiert und im Netz verbreitet. Mit der Diffamierung der Presse als »Lügenpresse« wird unterstellt, dass Journalisten auf Weisung von oben – wer immer das sein mag – schreiben und berichten.

Wer das glaubt, hat keine Ahnung, wie journalistische Beiträge verfasst werden und wie Nachrichten entstehen: Es gibt immer eine Redaktion, die Themen plant und die Beiträge hoffentlich abnimmt, die Fakten »checkt«, wie es heute heißt. Aber natürlich ist damit die Frage noch nicht beantwortet, wie frei die Presse in Deutschland ist.

Mit genug Kapital kann theoretisch in Deutschland jeder eine Zeitung gründen oder einen Privatsender übernehmen. Private Medienunternehmen sind denselben wirtschaftlichen Zwängen unterworfen wie alle anderen Firmen auch. Sie müssen Geld verdienen, wenn sie überleben wollen. Weil dieser Zwang natürlich erpressbar macht, entstanden auf Betreiben der westlichen Besatzungsmächte nach dem Krieg die öffentlich-rechtlichen Anstalten, die mittels Gebührenfinanzierung politisch wie wirtschaftlich möglichst unabhängig arbeiten konnten und immer noch können.

Stellt sich jetzt also die Frage, wie unabhängig und frei ist die politische Berichterstattung?

Jede Redaktion steht im Wettbewerb zu den Redaktionen der Konkurrenz. Jeder Redakteur und jede Redakteurin, jede Reporterin und jeder Reporter will am schnellsten sein, am präzisesten, am originellsten, will enthüllende Interviews führen und die besten Interviewpartner gewinnen. Das Publikum wissen und verstehen lassen, was auf der Welt passiert– das treibt jede Nachrichtenredaktion an. Ein hehres Ziel! Es zu erreichen, ist im Alltag oft schwierig. Täglich gibt es Kontroversen in den Redaktionen um die Themensetzung. Dann schließen sich die ewigen Streitereien um die richtigen Formulierungen und über die Schärfe der Texte an. Und alles wird überlagert von der Sorge, auch alle Fakten wirklich korrekt wiederzugeben. Weiterer Druck und Konfliktherde sind dazugekommen: Seit das Internet Werbemilliarden aufsaugt, weil potenzielle Kunden mithilfe der Algorithmen und Big Data von Facebook, Amazon und Google sehr viel genauer angesprochen werden können, leiden Medien unter Finanznot und entsprechend nervösen Besitzern.

Wer einmal in einer Nachrichtenredaktion gearbeitet hat, wer den Zeitdruck erlebt hat und die Hektik, der begreift: Für Grundsatzdebatten fehlt oft die Zeit.

Worin die Berichterstattung der Medien sich unterscheidet, ist die Bewertung dessen, worüber berichtet wird. Über Monate hat eine Handvoll Pegida-Demonstranten jeden Montag skandiert, in einer Diktatur zu leben. Um sie herum eine Hundertschaft Bereitschaftspolizei, die das Recht auf Demonstrationsfreiheit geschützt hat. Was ist der Nachrichtenwert solcher Termine? Soll man darüber überhaupt berichten? Und wenn ja, was ist die Aussage? Dass immer noch Menschen gegen Migrationspolitik demonstrieren? Dass nicht mehr viele Menschen dagegen demonstrieren? Oder ist es nur eine besonders gelungene Realsatire, Material also für eine Glosse?

In der Bewertung der Ereignisse zeigt sich, wie eine Redaktion ausgerichtet ist: Eher liberal oder konservativ, eher links oder rechts, wobei all diese Begriffe auch nicht mehr so eindeutig sind, wie sie einmal waren. Unabhängig ist und bleibt eine Redaktion, wenn sie nicht zwangsläufig auf Linie der Mehrheit agiert, wenn in den Redaktionen auch Sichtweisen zum Ausdruck kommen, die vielfältig sind. Redaktionen ohne Konflikte gibt es nicht – das ist schon aufgrund der herrschenden Arbeitsteilung so.

Journalismus funktioniert nur als Teamarbeit, und die reduziert sich auf ein einfaches Prinzip: Einer recherchiert und schreibt, die andere liest und checkt den Text auf Widersprüche und faktische Fehler.

Du sollst nicht lügen. Vielleicht reduziert sich der Beruf des Journalisten auf diesen Kernsatz, so moralisch er auch klingen mag. Deshalb empfindet jeder gestandene Journalist den Vorwurf der »Lügenpresse« so, wie er gemeint ist: als üble Beleidigung.

Aber mithilfe dieser Prämisse »Du sollst nicht lügen« lässt sich am ehesten die Frage beantworten, wie frei die Presse, wie frei die politische Berichterstattung in Deutschland ist. Kann ich als Journalist Situationen so schildern, wie sie sie erlebt habe? Kann ich mich in einer Redaktion ungeschützt austauschen? Oder steht alles unter Vorbehalt, weil sich da noch jemand einmischen könnte, die Geschäftsleitung etwa oder politische Kräfte oder die Rechtsabteilungen von Konzernen? All das hat es gegeben und wird es auch in Zukunft geben. Inwieweit Einflussnahme Eindruck macht, hängt davon ab, wie standfest die Leitung des Hauses oder der Redaktion ist. Jeder Journalist erlebt im Lauf seines Berufslebens tapfere und weniger tapfere Redaktionsleiter. Menschen, die Haltung haben, und solche, die ihr Mäntelchen in den Wind hängen. Die einen haben den Respekt ihrer Kollegen und gelten als Profis, die anderen müssen sich ihr Verhalten selbst schönreden. Deswegen lassen Beispiele erfolgreicher Einflussnahmen etwa durch die Politik nicht den Schluss zu, dass die Presse generell von außen beeinflussbar sei. Ich habe solche Fälle jedenfalls nie persönlich erlebt, und angesichts dessen, was die Presse in Deutschland jährlich aufdeckt an Skandalen und Vergehen, ist ein solcher Schluss eher absurd.

Früher, als sowieso alles besser war und es noch kein Handy und nicht ohne Weiteres eine Telefonverbindung gab, früher schickte eine Redaktion ihre Reporter los, und das waren damals wirklich fast nur Männer, die irgendwann mit einem Text oder einem Fernsehbeitrag zurückkamen. Dazwischen waren sie auf sich allein gestellt, niemand redete ihnen rein, und darauf legten die guten Journalisten auch Wert. Es ist nämlich so, und das habe ich bislang ganz vergessen zu erwähnen, dass guter Journalismus nicht nur die Fakten getreu wiedergeben sollte. Gute Texte – Qualität – entstehen nur dann, wenn Reporter vor Ort sein können – und zwar, bis sie ihre Geschichte beisammenhaben.

Das ist heute nicht mehr selbstverständlich. Heute fehlt das Geld, und heute bringt auch eine gute Geschichte nicht mehr die Aufmerksamkeit ein, die sie früher gefunden hätte. Weil es, etwa im Fernsehsektor, nicht mehr nur zwei oder drei Sender gibt, sondern unfassbar viele. Weil eine Meldung die nächste überlagert. Dazu kommen auch noch die Blogger und YouTuber im Internet. Das Hintergrundrauschen hat massiv zugenommen, der Zuschauer kann zudem in Millisekunden mit seiner Fernbedienung weiterzappen.

Zwar sind die öffentlich-rechtlichen Sender nicht auf Quote angewiesen – aber wenn der Marktanteil dauerhaft unter dem der privaten Sender dümpelt, stellt sich irgendwann die Frage: Wenn das Angebot der Öffentlich-Rechtlichen auf so wenig Interesse beim Publikum stößt, wozu dann Fernsehgebühren? So weit will es niemand kommen lassen.

Das alles hat natürlich auch die Redaktionsarbeit verändert in den letzten Jahrzehnten. Die Redaktionen fürchten sich heutzutage eher davor, Reporter auf gut Glück loszuschicken und nicht zu wissen, was das kostet und was sie liefern können. Womöglich passen die Geschichten nicht ins Format, für das sie vorgesehen waren? Da ist es doch naheliegend, dem Reporter gleich zu sagen, welche Geschichte er heimbringen soll. Und sich damit die Welt passend zu machen.

Genau das passierte beim *SPIEGEL* und brachte ihm die größte Krise seiner Geschichte ein. Als sich 2018 Zigtausende Menschen in Mittelamerika auf den Weg Richtung USA machten, schickte der *SPIEGEL* zwei Reporter namens Claas Relotius und Juan Moreno los. Der journalistische Sündenfall lag darin, dass die Redaktion vorab schon festlegte, welche Geschichte sie haben wollte. Claas Relotius, ein mehrfach ausgezeichneter Journalist, eine sogenannte Edelfeder, sollte auf der amerikanischen Seite eine Bürgerwehr porträtieren, die sich berufen fühlte, die Grenze mit Waffen auch gegen Frauen und Kinder zu verteidigen. So jedenfalls wurde es in Deutschland erzählt. Der andere, Juan Moreno, sollte den Zug der Migranten begleiten und sich dabei auf eine alleinstehende Frau mit Kind konzentrieren. Weil nichts die Leser mehr bewegt als der Überlebenskampf von Mutter und Kind. Allerdings fand Juan Moreno keine Mutter mit Kind, während Claas Relotius innerhalb weniger Tage zum innersten Kern einer Bürgerwehr vorgestoßen war, die genauso abgebrüht und menschenverachtend war, wie die Redaktion es sich gewünscht hatte.

Tatsächlich aber hatte Relotius sein Hotelzimmer in einem Kaff an der Grenze gar nicht verlassen. Er hatte sich mit Regionalzeitungen eingedeckt und mittels der dort aufgeführten Namen von Einheimischen seine Geschichte einfach erfunden – was er im Lauf seiner journalistischen Karriere, wie sich herausstellte, ziemlich häufig getan hatte, ohne dass es der Redaktionsleitung aufgefallen wäre. Juan Moreno, der den Hochstapler entlarvte, schilderte die dramatische Geschichte in seinem Buch »1000 Zeilen Lüge« fest, das 2019 erschien und am eindrücklichsten – und am spannendsten – den Zustand des deutschen Journalismus heutzutage beschreibt. Eine düstere Bestandsaufnahme, aber auch eine hoffnungsvolle.

Denn beim *SPIEGEL* funktionierten die Selbstreinigungskräfte: Der Hochstapler wurde entlassen, die verantwortlichen Redakteure verließen das Haus, die Leserschaft wurde über alle Schritte auf dem Laufenden gehalten, und der Aufdecker, der fast selbst seine Existenz dabei ruiniert hätte, er konnte weiterarbeiten. Man hätte auch versuchen können, alles unter den Teppich zu kehren. Aber das geschah nicht. Weil die professionelle Presse eben KEINE Lügenpresse ist.

Aktuell stellt sich die Frage, wie frei die Presse ist, wieder in der Berichterstattung über Corona. Auch und gerade bei so fundamental einschneidenden Entscheidungen, die aktuell von der Bundesregierung und den Landesregierungen getroffen werden, Entscheidungen, die auch Grundrechte beschneiden, ist es wichtig, als Presse nicht nur zu erklären, sondern auch immer wieder kritisch nachzufragen. Demokratien brauchen Korrektive: lebendige Parlamente und couragierte und hellwache Journalisten.

Ursula Heller, geboren 1961, ist Journalistin und Fernsehmoderatorin beim Bayerischen Rundfunk. Ehrenamtlich engagiert sich Ursula Heller als Botschafterin der Stiftung Kindergesundheit.

DER ABSTRAKTE BEGRIFF DER WERTE – AUS SICHT EINES 25-JÄHRIGEN

Von Felix Haselsteiner

Ehrlich gesagt: Der Begriff »Werte« hat mich mein Leben lang eingeschüchtert. Respekt, Ehrlichkeit, Hilfsbereitschaft, all das waren Begriffe, unter denen ich mir schon früh in meinem Leben etwas Genaues vorstellen konnte. Sie weckten Gefühle in mir, ich sah sie als Aufgabe an. Aber: Werte? Was für ein allumfassender Begriff. In seinem Anspruch und seiner Tugendhaftigkeit war er vollkommen überwältigend. Es war ein Begriff, den man immer und immer wieder hörte, vor allem von geistreichen Rednern und Politikern, die sich aber häufig auch dahinter versteckten. Für mich blieb er abstrakt und einschüchternd.

Heute kann ich sagen: Ich habe ein Vierteljahrhundert Lebenszeit gebraucht, um mich dem Begriff überhaupt anzunähern. Ich habe eine Schule besucht, die für sich einen humanistischen Wertekanon beanspruchte – auch das ist für einen Jugendlichen ein herausfordernder Begriff. Ich habe Geschichte und Volkswirtschaft studiert, habe mich mit Werten in unterschiedlichen Epochen befasst und damit, wie globale Wertekodizes, etwa die Menschenrechte, entstanden sind. Und trotz all dieser Ausbildung: ganz umfassend verstanden habe ich den Wertebegriff immer noch nicht, abstrakt ist er weiterhin. Wie also kann ich dann trotzdem ein Leben führen, das sich an Werten orientiert?

Eine Hilfestellung ist für mich die Rückbesinnung auf einige Werte, die für mich persönlich besonders wichtig sind und die dadurch nicht Furcht einflößend abstrakt, sondern tagtäglich anwendbar sind. Empathie wäre einer dieser Werte: die Fähigkeit, sich in den Menschen, der einem gegenübersteht, hineinzuversetzen. Egal, aus welchem Milieu die Person stammt, wie sie aussieht, wie sie auf mich reagiert, egal, ob ich sie persönliche kenne oder sie mir fremd ist – trete ich den Menschen, die mir im Laufe eines Tages begegnen, empathisch entgegen, frage ich mich, wie es dem Gegenüber wohl in bestimmten Situationen geht, schaue ich genau hin –, dann erfülle ich eine für eine Gesellschaft essenzielle Aufgabe. Modern gesagt: Das Ziel von Empathie ist, außerhalb der eigenen Bubble zu denken, die eigenen Interessen zurückstellen zu können. Offenheit, Toleranz, Solidarität, all diese gesellschaftlichen Errungenschaften fußen auf Empathie, die sich im Kleinen wie im Großen zeigt.

Die Corona-Pandemie hat den Werten Empathie und Solidarität zuletzt die Abstraktion genommen und sie teilweise erschreckend greifbar gemacht. Uns wurde bewusst, dass die eigenen Entscheidungen direkte Konsequenzen für andere haben können, dass Solidarität kein ferner Begriff ist und dass Empathie nötig ist, um zu verzichten, damit andere leben können. Und die Pandemie wird unsere Aufmerksamkeit dafür schärfen, wie solidarisch wir in Zukunft miteinander umgehen werden. Werden in Zukunft auch die älteren Teile der Bevölkerung zum Wohle der Jüngeren verzichten, etwa um die Folgen des Klimawandels einzudämmen? Werden wir im Alltag darauf achten, respektvoll und tolerant mit den Freiheiten des Einzelnen umzugehen? Werden wir diese Freiheiten womöglich wieder mehr schätzen? Die Antworten auf all diese Fragen fußen ebenfalls auf Empathie.

Die Empathie ermöglicht es mir persönlich, auch in meinem Beruf als Journalist, auf Menschen einzugehen und ihre Handlungen besser zu verstehen. Vielleicht wird der Begriff »Werte« für mich trotzdem abstrakt bleiben. Vielleicht kann ich auch ein weiteres Vierteljahrhundert lang lernen und werde trotzdem nicht die Gesamtheit der Werte verstehen. Aber ich bin der festen Überzeugung: Wenn sich jeder Mensch innerhalb einer Gesellschaft auf einzelne Elemente – vielleicht eben die Empathie – innerhalb dieses großen, schwer zu greifenden

Wertebegriffs besinnen könnte, würde das ein besseres Zusammenleben ermöglichen. Ein Zusammenleben, das einer Gesellschaft auch
durch schwerste Zeiten hilft (und durch das man vielleicht sogar aus
einer Pandemie gestärkt hervorgehen kann).

Felix Haselsteiner, geboren 1995,
ist in München aufgewachsen, hat
an der Ludwig-Maximilians-Universität studiert und arbeitet heute
als Journalist bei der Süddeutschen
Zeitung.

NEUE WEGE FÜR MEINUNGSFREIHEIT, MITSPRACHERECHT, FREIHEIT

Von Christian Kubiciel

Ich wollte bereits in der Schule oder im Sport eine Stimme haben. Wichtig ist mir dabei stets gewesen, dass jeder und jede ebenfalls eine Stimme bekommt und seine Meinung kundtun kann, sofern er oder sie das will.

Ich persönlich nutze meine Bekanntheit bei Instagram, um mich für Werte einzusetzen. Um zu sagen, was mir gesellschaftlich oder politisch wichtig ist. Deshalb engagiere ich mich auch in der Stiftung Wertebündnis. Ich bin von deren Engagement für die Demokratie überzeugt, und ich finde es toll, in welche Projekte hier Zeit, Energie und Geld investiert werden: zum Beispiel Integration, die bayerische Kultur, die Belange von Kindern und Jugendlichen.

Ich mache mich für Meinungsfreiheit stark und möchte Menschen, die sich bisher nicht so viele Gedanken darüber gemacht haben, dafür begeistern. Ich möchte ihnen zeigen, was alles möglich ist!

Mit Social Media haben wir neue Perspektiven der Vermittlung, das sehe ich als große Chance für die Demokratie. Diese Chance könnte

aber noch besser genutzt werden, junge Menschen könnten noch stärker mit ins Boot geholt werden. Social Media wird in Zukunft weiter an Bedeutung gewinnen, durch und über sie kann die richtige Zielgruppe angesprochen werden. Hier sehe ich ein sehr großes Potenzial, vor allem in der Politik und insbesondere, was Meinungsfreiheit, Mitspracherecht und Freiheit betrifft.

Ich würde mir sehr wünschen, dass das Wahlrecht stärker wahrgenommen wird und vermehrt Meinungen direkt aus dem Volk eingeholt und veröffentlicht werden. Der zentrale Punkt ist doch, dass wir uns für unsere Demokratie starkmachen, damit sie uns erhalten bleibt – denn das ist ganz und gar nicht selbstverständlich! –, und wir dann gemeinsam Verbesserungen gestalten können.

Es ist wichtig, dass die Demokratie mit der Zeit geht und notwendige gesellschaftliche Veränderungen unterstützt und annimmt. Junge Menschen sind dafür großartige Anreger und Impulsgeber. Sie selbst sind ja die Zukunft, und genau deswegen sollte man auch, wo immer möglich, die Stimmen junger engagierter Menschen hören. So gäbe es beispielsweise in der Schule noch viel Potenzial, um über Beteiligungsmöglichkeiten und demokratische Abläufe aufzuklären.

Ich finde, jeder Mensch sollte sein eigenes Vorbild sein, indem er zur Wahl geht. Demokratie und Politik sind wichtige Bestandteile in unserem Leben, und deshalb sollte sich jeder mit ihnen auseinandersetzen. Sie betreffen uns alle! Erst informieren, dann urteilen! Anschließend kann man auch seine Meinung nach außen tragen, wir sollten darüber sprechen und diskutieren, auch und gerade, wenn wir nicht einer Meinung sind!

Christian Kubiciel, geboren am 3.1.1996 in Straubing, ist gelernter Bankkaufmann, Versicherungsfachmann und mittlerweile als Influencer (@chris.boom.official) und selbstständiger Unternehmer im Bereich Marketing & Sales tätig.

VON RESPEKT UND FAIRNESS

Von Dominik Klier und Theo Lindinger

Seit nunmehr drei Jahren betreiben wir, das sind Dominik Klier und Theo Lindinger, den Kartoffelstand und Imbiss *Caspar Plautz* auf dem Viktualienmarkt. Über das Jahr hinweg bieten wir etwa 100 verschiedene Kartoffelsorten und ungezählte, je nach Saison wechselnde Gerichte mit unseren heißgeliebten Erdäpfeln an. Gelernt haben wir etwas ganz anderes. Der eine ist Soziologe, der andere Goldschmied. Die Liebe zum Kochen, zum Umgang mit Lebensmitteln und zur Gastronomie schlummerte allerdings schon seit frühester Jugend in uns beiden und flammte hin und wieder bei kleineren Caterings oder Nebenjobs in der ein oder anderen Restaurantküche auf. Auch wenn es eine Reihe von Zufällen war, Chuzpe, Mut und unerhörtes Glück, die uns ermöglichten, diesen Stand auf dem Münchner Traditionsmarkt zu eröffnen, so kommt es uns nun so vor, als habe ein roter Faden das alles durchzogen und schließlich zu *Caspar Plautz* geführt. Es fühlt sich an, als sei dieses wunderbare Projekt eine Konsequenz aus all den verschiedenen Dingen, die wir gearbeitet haben, und aus den Ideen, die wir in der Vergangenheit hatten.

Eine Garantie für Erfolg gab es nicht, dafür aber eine klare Vision vor Augen. Diese gastronomische Vision entwickelte sich organisch, ebenso wie das Ziel, mit unserem Stand, im Kleinen, unseren Teil für eine bessere Gesellschaft beizutragen.

So stehen wir ein für die Slow-Food-Idee, für Artenvielfalt und Artenerhalt, für Regionalität und biologischen Landbau. Wir führen unser Standl autofrei und erledigen alle Einkäufe mit dem Lastenrad. In unse-

rer Küche experimentieren wir mit traditionellen Zubereitungsmethoden und verbinden Rezepte unserer Großeltern mit modernen Ideen.

Neben der Nachhaltigkeit, die wir in der Küche und in Bezug auf die Produktion unserer Lebensmittel verfolgen, liegt uns besonders die soziale Nachhaltigkeit am Herzen. Diese basiert auf zwei Säulen. Die erste Säule ist Austausch und Kommunikation. Der Viktualienmarkt ist in seiner Struktur eine kleine Stadt in der Stadt. Ein Mikrokosmos mit eigenen Regeln und Traditionen. Und doch oder gerade deswegen spiegeln sich hier gesamtgesellschaftliche Zusammenhänge im Kleinen wider. Solidarität und Kommunikation waren uns von Anfang an sehr wichtig. Das Einbinden unserer Nachbarn, aber auch unserer Stammkunden in Prozesse, die unseren Stand betreffen: Wir kaufen unsere Blumen bei dem Blumenstand nebenan und lassen unser Zelt von selbigen mit Pflanzen dekorieren. Das Biogemüse für unsere Salate holen wir 30 Meter gegenüber bei den Trübeneckers. Wurstwaren kommen vom Fränkischen Wursthäusl und Zwiebeln von unserem direkten Anrainer Uwe. Wir tauschen uns mit den Menschen, die uns umgeben, aus, und wir wollen auch den Raum, den wir mit ihnen und allen Münchnern teilen, beeinflussen und gestalten. Diesen wunderbaren Raum im Herzen unserer Stadt, der so viel Potenzial, so viele Möglichkeiten bietet.

Neben Austausch und Nachbarschaftlichkeit mit Kollegen ist uns die Kommunikation nach innen enorm wichtig. Im Herbst 2017 eröffneten wir *Caspar Plautz* zu zweit. Nun haben wir Personal, Menschen, die für oder besser gesagt mit uns arbeiten. Es hatte sich zunächst seltsam angefühlt, sozusagen die Seiten zu wechseln. Vom Angestellten zum Unternehmer, zum Arbeitgeber zu werden. Aber schnell begriffen wir, dass dies eine große Chance bedeutete. Wir konnten unseren kleinen Laden demokratisch aufbauen. Die Menschen einbinden, die bei uns arbeiten, unser Standl zu dem machen, was es ist, soweit sie dies wollen. Wir zahlen faire Löhne, halten Hierarchien so flach es geht und etablierten eine gewaltfreie Sprache.

Wir können unseren Mitarbeiterinnen vertrauen und sie uns auch. Das ist die Art, wie wir unseren Laden führen möchten. Denn gerade in der Gastronomie wurden in den letzten Jahren viele Fortschritte gemacht, was Ökologie betrifft, und genauso wünschen wir uns auch progressive Ansätze in der sozialen Nachhaltigkeit. Wir und viele andere mutige Gastronomen wollen beweisen, dass es möglich ist, wirtschaftlich erfolgreich und trotzdem sozial und ökologisch gerecht, demokratisch und solidarisch zu sein.

Denn gerade in Zeiten wie diesen, wo er hart auf die Probe gestellt wird, ist der demokratische Gedanke wichtiger denn je. Pandemie, Populismus, aufkeimender Nationalismus und Ängste machen es umso wichtiger, das eigene Handeln kritisch zu hinterfragen und sich aktiv für Demokratie und gesellschaftlichen Zusammenhalt einzusetzen.

Unser drei Jahre altes Unternehmen bietet uns die Basis, politisch aktiv zu werden, indem wir unsere Ideen und Ansichten in die Gesellschaft tragen. Damit leisten wir einen Beitrag zu einem werteorientierten Umgang miteinander, denn wir wollen nicht nur Fairness, Respekt und einen humanen Umgang unter unseren Partnern und mit unseren MitarbeiterInnen befördern, wir wollen auch, dass sich diese Werte auf die Produkte übertragen, die wir verarbeiten. Denn Nachhaltigkeit ist auch eine Frage von Respekt und Fairness. Und was im Kleinen möglich ist, ist es auch im Großen.

Dominik Klier, studierter Soziologe, geboren 1988 in München, und **Theo Lindinger,** gelernter Goldschmied, geboren 1987 in München, betreiben seit über drei Jahren *Caspar Plautz* am Viktualienmarkt. Ihre langjährige Freundschaft und die gemeinsame Leidenschaft für Lebensmittel und die gute Küche bilden nun die Grundlage für ihr junges Unternehmen.

BRIEF AN SAMUEL PATY

Von Christian Springer

Vorrede

Auch in der Welt von E-Mail, SMS und Twitter ist der Brief nicht tot. Die Apostelbriefe sind nun bald 2.000 Jahre alt und nach wie vor eine wichtige Säule der Christenheit. Briefe von einstigen Nazigrößen erzielen Höchstpreise bei Auktionen, und die Briefe prominenter Liebespaare taugen immer noch als Geschenk für die lesefreudige Tante. So muss es mir auch erlaubt sein, an den französischen Lehrer Samuel Paty zu schreiben.

Brief

»Sie hatten dies alles offenbar schon vorbereitet gehabt.«

Sehr geehrter Herr Paty,
dieser Brief kann Sie nicht erreichen. Sie sind am 16. Oktober 2020 gestorben, auf dem Heimweg, am letzten Schultag vor den Ferien. Sie waren Lehrer, und nun sind Sie berühmt geworden. Leider nur des-

wegen, weil sie auf bestialische Weise ums Leben gebracht wurden. Der Wikipedia-Artikel über sie steht, und als hilflose Geste wurden Sie umgehend in die Ehrenlegion aufgenommen. Was für ein Unfug. Noch lebend und für das, was Sie als Lehrer versucht haben, hätten Sie geehrt werden müssen.

Herr Paty, Sie haben versucht, jungen Menschen die Meinungsfreiheit nahezubringen. Dieses kleine Pflänzchen namens Meinungsfreiheit, das von den meisten Staaten dieser Erde mit Füßen getreten wird. Diese wunderbare Idee, Gedanken aussprechen zu dürfen ohne Angst vor Repression. Dieser wunderbare Kompromiss, den anderen aushalten zu müssen, aber im Gegenzug dieselben Freiheiten zu erhalten wie er. Ein Messer mit einer 35 Zentimeter langen Klinge hat dabei nichts verloren. Aber ich habe den Eindruck, Herr Paty, dass man nicht versteht, was Sie als Lehrer versucht haben. Auch wenn Ihnen der französische Präsident am Sarg den Satz nachruft, der durchaus richtig ist: »Wir machen weiter, Herr Lehrer.«

Herr Paty, all das, was nach Ihrer Ermordung passierte, hätten Sie mit Ihrem Hintergrund an geschichtlichem und sozialem Wissen im Handumdrehen vorhergesehen. Vertreter aus Politik und Medien sprechen über Solidarität, sie trauern, sie klagen und klagen an und sind am Ende doch ideenlos. In europäischen Talkshows wird mit ernster Miene diskutiert, und irgendwo wird irgendwer auch im Sport Trauerflor tragen. Einmal. Tausende demonstrieren auf der Straße. Das hilft. Aber es hilft vornehmlich dem eigenen Seelenfrieden. Denn zur selben Zeit hört man in den Islamistenwohnungen schon wieder die Prediger, die zum nächsten Mord aufrufen.

Nur Ihre Lehrerkollegen, Herr Paty, werden morgen in Marseille oder in Bern oder in Paderborn wieder in eine Mittelschule gehen, in den Unterricht, und über Meinungsfreiheit sprechen. Viele werden das Beispiel der Mohammad-Karikaturen dabei nicht mehr nennen in nächster Zeit. Aus Angst. Sie werden wieder alleine auf weiter Flur kämpfen. Mit der Gewissheit, dass es wieder passieren wird, in der Hoffnung, dass es nicht mehr passiert.

Das Zitat, mit dem ich den Brief an Sie überschrieben habe, stammt aus einem österreichischen Roman aus dem Jahr 1906. Robert Musils »Die Verwirrungen des Zöglings Törleß«. Eine Erzählung über die Vorfälle in einem Internat in der Provinz, worin der Schüler Beineberg über den Mitschüler Basini sagt: »Sei es, dass wir ihn jetzt anzeigen oder schlagen, oder ihn selbst rein des Vergnügens halber zu Tode martern würden. Denn ich kann mir nicht vorstellen, dass so ein Mensch in dem wundervollen Mechanismus der Welt irgend etwas bedeuten soll ... irgendetwas muss ja auch der bedeuten, aber sicher nur etwas so Unbestimmtes wie irgendein Wurm oder ein Stein am Wege, von dem wir nicht wissen, ob wir an ihm vorübergehen oder ihn zertreten sollen.« Basini wird von den Mitschülern grausam gefoltert und sexuell missbraucht. Es heißt: »Sie hatten dies alles offenbar schon vorbereitet gehabt.«

In Musils Roman gibt es keinen Islam, keine Tschetschenen, keine WhatsApp-Gruppen. Es gibt aber Menschenverachtung, Gruppendynamik, Gehirnwäsche, Bedrohungen – ein System der Angst, der Lügen und der Gewaltbereitschaft gegen andere. Und: Es geht um junge Menschen. Vor allem: junge Männer.

Herr Paty, ein muslimisches Mädchen, das gar nicht in Ihrer Unterrichtsstunde war, hat den Sturm des Hasses gegen Sie in Facebook losgetreten. Dann trieb ihr islamistischer Vater die Tat durch Worte voran, Hate Speech nennt man das.

Niemand hat geahnt, wie erschreckend schnell aus dem Reden eine Mordtat wurde.

Es gab und es gibt sie: die Verführer. Überall auf der Welt, in jeder Ideologie, in jeder Religion. Wie geht man dagegen vor, ohne umgehend einen Polizeistaat inklusive seiner Überwachungen aller Art heraufzubeschwören? Wir wissen vor allem, wie es nicht geht: Wer sich jetzt wieder auf das Gebiet der Verteufelung von Menschen begibt, die eine bestimmte Hautfarbe, eine bestimmte Herkunft, eine bestimmte Religion haben, steht auf dünnem Eis. Und bricht ein. Dennoch müssen diejenigen, die junge Menschen zum Hass erziehen, aufgespürt werden. Und das müssen sie gar nicht mehr, denn man kennt sie bereits. Mit allen Mitteln unserer Rechtssysteme muss ihnen der Boden entzogen werden. Das wird leider nur mangelhaft gemacht. Obwohl man die Namen vor Ihrer Ermordung, Herr Paty, kannte. Die Kenntnis ohne Reaktion hat Sie das Leben gekostet. Das tausendfache »Jetzt müssen wir handeln« hallt als sinnfreies Gerede durch die Stille von Trauer und Entsetzen.

Christian Springer ist Kabarettist, Autor und gründete die Initiative SCHULTERSCHLUSS und den Verein Orienthelfer e. V.

Lieber Herr Paty, Sie unterrichteten Meinungsfreiheit dort, wo Sie am dringendsten hingehört: bei den jungen Menschen. Die Unterdrückung der Freiheit führt zu Mord. Dafür hätten Sie nicht als Beispiel dienen dürfen. Das macht mich wütend. Ebenso das Geschwätz danach. Aber viele Ihrer Schüler werden Ihre Haltung im Herzen weitertragen. Und wir werden in Ihrem Sinne weitermachen. Es lebe die Meinungsfreiheit.

Ihr Christian Springer

» Wir, jeder Einzelne von uns, als Schriftsteller, als Bürger, sind das Rückgrat der Demokratie, sofern wir selbst ein Rückgrat besitzen. «

Juli Zeh

KEINE LUST AUFS ELFMETERSCHIESSEN

Von Dr. Ralf Nemetschek

Mal ganz schnell ohne langes Nachdenken: Was fällt einem beim Begriff »Demokratie« als Erstes ein? Und? War »Wahlen«, »Abstimmung« oder »Mehrheit« mit dabei? Ja? Ich glaube, das geht den meisten Menschen so. Neben den turnusmäßigen Wahlen ist vor allem das Mehrheitsprinzip ein ganz wesentliches Merkmal einer Demokratie. Aber im Grunde ist es nur ein Kompromiss, um Konflikte friedlich zu lösen.

Kürzlich kam mir daher der Gedanke, dass das Abstimmen in einer Demokratie in gewisser Weise dem Elfmeterschießen im Fußball gleicht: Man nimmt es in Kauf, wenn ein Spiel kein eindeutiges Ergebnis, also kein Siegerteam, hervorbringt. Richtig begeistert sind die Spieler oder Spielerinnen von dieser Art der Entscheidungsfindung eher selten. Und fair fühlt es sich – besonders für das Verliererteam – auch nicht immer an. Die Unterlegenen denken oft: »Aber wir hatten doch im Spiel die besseren Torchancen!« Übersetzt in die Politik, würde der Satz wohl lauten: »Aber wir hatten doch in der Debatte die besseren Argumente!«

Und hier erschöpft sich auch schon die Analogie zum Fußballspiel, da bei Letzterem wirklich nicht alle gleichzeitig gewinnen können. In einer demokratischen Gesellschaft dagegen schon. Das setzt aber voraus, dass wir miteinander sprechen, uns gegenseitig zuhören und versuchen, die Standpunkte der anderen zu verstehen.

Denn natürlich glaubt man manchmal, dass man es besser weiß als die anderen, die richtige Einstellung und den einzig richtigen Blick auf die Dinge hat. Und genau da liegt das Problem: So geht es nicht nur uns selbst, sondern vielen, wenn wir konträre Meinungen haben. Und das Verrückte daran ist: Manchmal haben wir alle irgendwie recht. Aus unserer subjektiven Perspektive, unseren eigenen Erfahrungen, unseren

Dr. Ralf Nemetschek wurde 1965 geboren und studierte Physik an der Ludwig-Maximilians-Universität in München. Nach seiner Promotion arbeitete er als Projektmanager für die THEVA GmbH, an der er auch als Gesellschafter beteiligt ist. Seit April 2008 führt er als Vorstand die Geschäfte der Nemetschek Stiftung.

individuellen Bedürfnissen und Wertvorstellungen heraus, eben »in unserem eigenen System«. Das anzuerkennen, ist der erste und oft wichtigste Schritt, um sachlich und konstruktiv miteinander streiten zu können. Natürlich ist so eine Debatte manchmal anstrengend und kann auch nerven. Aber diese offene Auseinandersetzung ist absolut notwendig, um eine Lösung zu finden, die möglichst vielen gerecht wird. Vielleicht nicht jedem und jeder hundertprozentig, aber ein paar Kompromisse kann man schon eingehen, und im besten Fall fühlt sich danach niemand als Verlierer.

Tja, und dann gibt es wahrscheinlich Dinge, über die wir uns wirklich nicht einigen können, aus welchen Gründen auch immer. Dennoch gut, dass wir gesprochen haben (und das meine ich jetzt ganz ernst). Dann geht es eben ins Elfmeterschießen. Oje, meine Nerven ... Und selbst wenn es für mich diesmal schiefgeht: Na gut, dann ist in vier Jahren wieder Weltmeisterschaft – pardon, ich meinte natürlich Wahljahr.

MEIN ERSTES MAL

Von Matthias Fack

Der Buchtitel »Können Männer auch Kanzlerin werden?« erinnert mich an eine andere spannende Frage. Ich weiß nämlich noch, dass, als die CDU/CSU am 18. 9. 2005 die Mehrheit im Bundestag errang und damit klar war, dass Angela Merkel die erste Bundeskanzlerin werden würde, landauf, landab ein Problem diskutiert wurde: Wie müsste es auf dem künftigen Briefkopf des Amtes heißen? Weiterhin Bundeskanzleramt? Schließlich sähe das Grundgesetz gar keine andere Möglichkeit vor, denn das Amt hieße dort Bundeskanzler und damit das Amt des Amtes Bundeskanzleramt. Interessant, das dachte ich damals schon und jetzt erst recht: Niemand dürfte dann Frau Merkel mit Frau Bundeskanzlerin anreden. Und außerdem wurde diskutiert: Wenn das Amt umbenannt würde, hieße es dann Bundeskanzlerinamt oder Bundeskanzlerinnenamt? Bundeskanzlerinnenamt sei sprachlich korrekt. Und schon kam das Gegenargument: Im Grundgesetz gebe es nur einen Bundeskanzler, und selbst wenn es sprachlich richtig ausgedrückt sei, so wäre Bundeskanzlerinnenamt irreführend und würde auf mehrere

Bundeskanzlerinnen hindeuten. Und die gebe es im Grundgesetz bestimmt nicht. Ich meine, mich erinnern zu können, dass der neue Briefkopf des Amtes schließlich einen typischen politischen Tod starb – am Schluss wurde zu bedenken gegeben, wie viel Geld der Neudruck von Briefpapier kosten würde; tja, da habe ich dann aufgegeben, mich mit der Sache zu beschäftigen, denn ehrlich: Es gab und gibt Wichtigeres. Auf jeden Fall heißt das Amt nach wie vor Bundeskanzleramt. In dem halt eine Bundeskanzlerin derzeit das Amt des Bundeskanzlers innehat. Schon schräg. Wahrscheinlich meint so mancher immer noch, dass es sich um einen einmaligen Ausrutscher handelt und man deshalb – Gott sei Dank – den Briefkopf nicht verändern muss.

In diesem so besonderen Wahljahr, das geprägt ist von der größten Pandemie seit 100 Jahren, werden viele zum ersten Mal wählen gehen. Fest steht zumindest jetzt schon, dass nach der nächsten Bundestagswahl 2021 sowieso wieder ein Mann als Bundeskanzler ins Amt einziehen wird und alles beim Alten bleiben kann, zumindest auf dem Briefbogen.

Aber nun zu meinem ersten Mal.

Um es kurz zu machen: Ich hatte Glück. Als 1972 Geborener durfte ich 1990 gleich zweimal an die Wahlurne treten: Im Oktober zu den Landtagswahlen und im Dezember zu den Bundestagswahlen. Gut also, dass ich im August geboren bin und Bundes- wie Landtagswahlen turnusmäßig in den Herbst fallen. Ich weiß nur, dass wir an dem Wochenende meiner ersten Wahl, der Landtagswahl in Bayern, ein Pfadfinderwochenende hatten. Wir Verantwortlichen hatten den Sonntag, nach Bilanzziehen und Mittagessen, mit Aufräumen, Putzen und Abrechnen verbracht und machten uns dann endlich am späten Nachmittag auf den Weg. Keiner von uns hatte per Briefwahl seine Stimme bereits abgegeben, und ich schon gar nicht, denn es war schließlich mein erstes Mal. Und da wollte auch ich an die Wahlurne.

In einem Ort, durch den wir heimfuhren, dem vorletzten vor »meinem Wahllokal« – mittlerweile näherten wir uns der 16-Uhr-Marke –, sahen wir, wie ein Mann auf dem Bürgersteig zusammenbrach. Selbstverständlich hielten wir an, leisteten Erste Hilfe und alarmierten den Rettungsdienst. Nach der Versorgung des Mannes durch den Rettungssanitäter ging es dann sofort wieder ins Auto und ab zur Wahlkabine. 17.45 Uhr. Geschafft. Mit etwas Übung, wenn ich im Wählen schon routinierter gewesen wäre, hätte ich vor dem Wochenende bestimmt von der Möglichkeit der Briefwahl Gebrauch gemacht. Aber für uns war klar: Es waren Wahlen, da wollten wir hin, denn als Jugendverbandler sind wir überzeugte Demokraten. Und das drückt sich durch Wahlen am vornehmsten aus.

Seit 2005 treten wir seitens der bayerischen Jugendarbeit für ein Wahlrecht ab 14 Jahren auf allen Ebenen ein. Damit man von diesem Recht schon frühzeitig Gebrauch machen kann. Und nicht als 18-Jähriger ins kalte Wasser geschmissen wird.

Matthias Fack ist seit Mai 2011 Präsident des Bayerischen Jugendrings KdöR. Nach einem Studium in Sozialpädagogik, Philosophie und Theologie sowie einer Weiterbildung zum Marketingwirt arbeitete Matthias Fack für die Deutsche Pfadfinderschaft St. Georg (DPSG) sowie als Landesvorsitzender beim Bund der Deutschen Katholischen Jugend (BDKJ) in Bayern.

DAS SCHÖNE WECHSELSPIEL VON ICH UND WIR

Von Tobias Kupfer

Demokratie hat wesentlich mit Teilhabe zu tun, und deshalb ist es so wichtig, Begegnungsstätten für alle zu schaffen – ganz unabhängig davon, woher sie kommen, ob sie reich oder arm sind, ganz unabhängig also von jeglichen materiellen, finanziellen und sozialen Lebensumständen. Wir sehen die Notwendigkeit, die Bedürfnisse der Kinder und Jugendlichen dieser Zeit wahrzunehmen, und wir versuchen, Möglichkeiten zu schaffen, damit sie diese befriedigen können. Die Gesellschaft hat viele Bedürfnisse vergessen und schafft dafür keine Räume mehr.

Wenn Kinder und Jugendliche ein Gefühl für ihren eigenen Wert haben, werden sie sich vermutlich auch für den Erhalt ihrer Umwelt einsetzen, davon bin ich fest überzeugt. Mit GORILLA wollen wir jungen Menschen frei und ungezwungen begegnen, immer auf Augenhöhe, und sie einladen, entweder bei uns mitzumachen oder uns nachzuahmen, und sie damit letztlich dazu animieren, etwas Eigenes zu tun. Bewegung, äußere sowie innere, ist Auslöser von Präsenz im Hier und Jetzt, sie hilft, sich seiner selbst bewusst zu werden, sich zu spüren, Lebendigkeit zu erfahren. Im direkten Umgang mit den Kids können wir ihnen zu jedem Versuch, eine herausfordernde Bewegung zu meistern oder einfach nur den gemeinsamen Flow zu erleben, Feedback und Bestätigung geben. Dann fühlen wir uns alle verbunden und wertgeschätzt. Jeder Mensch, der sich als wertvoll wahrnimmt oder sein Tun als sinnvoll und der keine Angst verspürt, kann auch empathisch gegenüber seinem Lebensumfeld sein und dieses wertschätzen. Wir freuen uns sehr, wenn es uns gelingt, die jungen Menschen in einen solchen Zustand zu versetzen und ihnen dann wichtige und wissenswerte Themen zu vermitteln, die sie vielleicht vorher noch nicht so wahrgenommen haben.

Es geht hier auch um eine Vorbildfunktion, schließlich ist es eine menschliche Verhaltensweise, von Vorbildern zu lernen. Sie prägen den Menschen – wenn auch meist unbewusst. Ich glaube, kein Mensch könnte laufen oder sprechen lernen ohne andere Menschen, die es ihm vorleben. Nicht ganz so essenziell wie am Anfang des Lebens, jedoch immer noch sehr wichtig, sind die guten Vorbilder im Laufe der Kindheit und Jugend. Selbst im Erwachsenenalter gibt es noch besondere Menschen, die einem ein Vorbild sind, die man nun aber, mehr oder weniger bewusst, selbst wählt. Der Herr Goethe hat auch schon gesagt: »Sage mir, mit wem du umgehst, so sage ich dir, wer du bist; weiß ich, womit du dich beschäftigst, so weiß ich, was aus dir werden kann.« Die Marketingindustrie kennt sich da auch bestens aus ... Heutzutage ist es gar nicht mehr so einfach, echte Vorbilder zu finden.

Vorbildhaft finde ich die Fridays-for-Future-Bewegung. All die Kinder und Jugendlichen, die für ihre Überzeugung auf die Straße gehen, für eine Welt, die unserer Aufmerksamkeit und unseres Schutzes bedarf, die wir nicht ausbeuten dürfen. Ich denke, für uns Eltern lautet heute das Motto: Back to the roots! Wir sind schon auch in Zeiten aufgewachsen, in denen der Konsum gefeiert wurde, es wurden aber auch noch Dinge produziert bzw. gekauft, die noch stabil und langlebig waren. Produkte mit schon installierter »Kaputtgehdynamik« nach Ablauf der Garantiezeit, damit man gleich ein neues kauft, gab es noch nicht. Plastikverpackungen, so war zumindest mal der Plan, sollten ewig halten und benutzt werden. Ich kann mich entsinnen, dass man Tüten ausgewaschen, getrocknet und wiederverwendet hat! Unsere Generation hat das vergessen und den ganzen Planeten zugemüllt. Da wir die Vorbilder der nach uns heranwachsenden Menschen waren, ist es nun im Bewusstsein der Bevölkerung »normal« geworden, verschwenderisch zu leben und zu konsumieren. Bekanntlich ist Ignoranz einfacher, als die schlechten Verhaltensweisen, die man sich angewöhnt hat, wieder in gute zu verwandeln. Es gilt also in vielerlei Hinsicht, den inneren Schweinehund zu überwinden, die ganzen anderen Ausreden beiseitezuschieben und es ab jetzt wieder gut zu machen. Ich hoffe, die Jugend dieser Zeit schafft es, die träge Masse der Erwachsenen aus der Überflussgesellschaft wachzurütteln, sonst wird es wohl Mutter Natur tun, und das wird, vermute ich, für uns alle nicht angenehm.

Der Mut zur eigenen Perspektive, zur eigenen Meinung, der sollte wieder wachsen, es sollte Raum da sein, diese auszubilden, und es sollte mehr Institutionen geben, die bereit sind, sie in die eigene Perspektive miteinzubeziehen.

Die Menschen sollten dazu ermutigt werden. Im Moment sieht es eher nach dem Gegenteil aus. Nicht nur die Natur und der menschliche Organismus, auch die Gesellschaftsstrukturen auf dieser Welt sollten mehr auf die Vielfältigkeit achten, die Diversität, darin liegt ungemein viel Potenzial. Zum Mond können wir fliegen, aber Missverständnisse vermeiden und empathisch mit dem Gegenüber umgehen, das sind die eigentlichen Herausforderungen. Ich wünsche uns allen viel Glück dabei.

Tobias Kupfer aka »Albertross« wurde 1976 in Leipzig geboren und zog dann hinaus in die Welt, eine Profikarriere mit dem Skateboard ermöglichte ihm das Reisen zunächst durch Europa und später durch viele Teile der Welt. Im Jahr 2000 wurde er Weltmeister beim Mystik Worldcup in Prag. Mit den von ihm mitgegründeten Initiativen, darunter das gemeinnützige GORILLA-Projekt, schafft er Möglichkeiten und Räume für Kinder und Jugendliche, damit sie gesund aufwachsen und selbstbestimmt ihr Potenzial entfalten können. In Workshops vermittelt er gemeinsam mit weiteren Profis Freude an Bewegung, Sport, besserer Ernährung und nachhaltigerem Konsum.

LIEBE ANNA

Von Barbara von Petersdorff-Campen

Liebe Anna,

Du fragst dich, warum es so viel Streit, so viele Konflikte in unserer Welt gibt. Streit in der Familie, Stress mit Freund:innen, Menschen, die sich verletzen, obwohl sie sich lieben; aber natürlich auch Konflikte zwischen Interessengruppen, Ländern, Konflikte in der Welt. Du sehnst dich nach einer Welt in Frieden und Harmonie.

Du fragst mich nach dem Weg aus einem Konflikt. Ja, genau darum geht es: um einen konstruktiven Umgang mit Konflikten. Es kann nicht darum gehen, Konflikte zu vermeiden. Denn: Konflikte sind!

Menschen sind verschieden – zum Glück! Ausgestattet mit ganz unterschiedlichen Talenten, geprägt von ganz unterschiedlichen Einflüssen und Erfahrungen. Wären wir alle gleich, gäbe es keine Veränderung, keine Entwicklung, kein Korrektiv. Die Dinge würden einseitig betrachtet. Unterschiedliche Perspektiven, die erst zu einem abgerundeten Ergebnis führen, würden fehlen.

Daher können und sollten wir auf eine Vielfalt von Meinungen und Persönlichkeiten und die damit verbundenen Interessenkonflikte nicht verzichten. Die Notwendigkeit, uns aufeinander einzustellen und abzustimmen, sollten wir nicht nur als zeitaufwendig und lästig, sondern als Chance sehen.

Die Frage ist nur: Wie können wir diese Chance nutzen, ohne uns zu verletzen und uns in wechselseitigen Schuldzuweisungen zu verlieren, die uns nur traurig, wütend und hilflos machen. Aus meiner Sicht – der Sicht der Mediatorin – gibt es fünf besonders wichtige Aspekte.

Nicht bewerten, nicht nach Schuldigen suchen

Wir neigen dazu, unsere Werte und Bedürfnisse, unser Denken und Handeln zum Maßstab für andere zu machen. Denkt, fühlt und wertet der andere anders, kann das also nur falsch sein. Vorwürfe und Schuldzuweisungen sind die Folge. Diese bleiben nicht unbeantwortet, und die Spirale wechselseitiger Verletzungen beginnt.

Innerhalb der Grenzen der Regeln und Gesetze, die sich eine Gemeinschaft gegeben hat, gibt es jedoch kein »Richtig und Falsch«, sondern Raum für ein »Verschieden«. Wenn wir das Nebeneinander unterschiedlicher Überzeugungen und Werte akzeptieren, haben wir den ersten wichtigen Schritt in Richtung friedlicher Konfliktlösung getan.

Sich selbst, nicht den anderen erklären (oder auch: Jeder erklärt seine Welt, nicht die des anderen)

Jeder ist Experte für seine eigene Welt. Jeder kann selbst die darin verborgenen Gefühle, Bedürfnisse, Erwartungen und Ziele am besten erkennen. Sprechen wir über den anderen, können wir nur vermuten, die Gefahr ist groß, dass wir uns in Unterstellungen und Bewertungen verlieren. Daher können und sollten wir nur aus uns und unserer Perspektive heraus sprechen und uns nicht zum Experten für die Welt des anderen aufschwingen. Wir sollten akzeptieren, dass wir die Welt des anderen nicht oder nur unvollständig kennen und mit Fragen und Zuhören erkunden dürfen.

Zuhören und Klären

Um den Standpunkt des anderen zu verstehen, müssen wir versuchen zu verstehen, was in seiner Welt verborgen ist, was hinter seinen Positionen steckt. Was sind seine Motive, seine Ziele, seine Befürchtungen, was hat ihn geprägt, welche Erfahrungen haben ihn beeinflusst. Nur wenn wir ihm offen, vorurteils- und wertfrei zuhören, nachfragen und die in seiner Welt verborgenen Beweggründe klären, haben wir eine Chance zu erkennen, wie er zu seinen Überzeugungen gekommen ist und warum bestimmte Dinge für ihn besonders wichtig sind. Verstehen muss nicht zwangsläufig bedeuten, damit einverstanden zu sein.

Barbara von Petersdorff-Campen ist Mediatorin, Ausbilderin BM®, Rechtsanwältin, Coach und Vorsitzende der MediationsZentrale München e. V.

Für die eigenen Bedürfnisse eintreten

Selbstbewusst und klar sollten wir für die eigenen Bedürfnisse eintreten. Dem anderen unsere Welt öffnen.

Das ist nicht immer leicht. Unsere Gefühle sind unmittelbar da. Wir ärgern uns, wir sind verletzt. Das spüren wir auch körperlich. Der Magen drückt, das Herz klopft, die Schultern sind beschwert. Oft wissen wir gar nicht genau, warum diese Gefühle aufgetaucht sind. Wir müssen erst herausfinden, welche unserer Bedürfnisse, welche Werte, welche Erwartungen missachtet wurden. Wir müssen uns selbst bewusst machen, was wir brauchen und was uns wichtig ist. Ein Stück Selbstklärung.

Nach Lösungen suchen, welche die Interessen aller Beteiligten berücksichtigen

Wenn alle Beteiligten offen und ehrlich ansprechen, was ihnen wichtig ist, ist Verstehen möglich. Alle wichtigen Aspekte sind auf dem Tisch. Der Kontakt ist hergestellt. Grundlage für den Blick in die Zukunft. Grundlage, um gemeinsam zu überlegen, wie wir besser miteinander zurechtkommen können. In der Mediation sammeln wir zunächst einmal möglichst viele Ideen – kreativ und konkret. Dann prüfen wir diese Ideen darauf, ob sie realisierbar und mit den jeweils geltenden gesetzlichen Regelungen vereinbar sind. Aus dem, was bleibt, entwickeln wir eine ganz konkrete Vereinbarung für das zukünftige Miteinander.

Die so gefundenen Lösungen sind tragfähig, da sie gemeinsam und mit Blick auf die wichtigsten Interessen aller Beteiligten erarbeitet werden.

MediatorInnen sind in diesem Prozess neutrale UnterstützerInnen und nicht diejenigen, die entscheiden. Dahinter steht die Überzeugung, dass nur die Betroffenen wissen, was sie wirklich wollen und was gut zu ihnen passt.

Liebe Anna, vielleicht sind das ein paar Anregungen zum Weiterdenken und für uns beide Ansatzpunkte zum Weiterreden. Ich freue mich sehr darauf!

Liebe Grüße und bis bald,
deine Patentante Barbara

»KÖNNEN MÄNNER AUCH KANZLERIN?«

Von Jürgen Kirner

Was für eine genderfeindliche Frage! »Können Männer auch Kanzlerin?«

Selbstverständlich. Dieses großartige Wissen wurde mir wunderbarerweise schon in jungen Jahren vermittelt.

Männer können alles!

Denn: Die jetzigen und auch die historischen Machtstrukturen wurden ausschließlich von Männern geschaffen und gestaltet.

Die allumfassende Befähigung und das Können dafür hat man(n), auch dank der katholischen Kirche, über Jahrhunderte hindurch perfektioniert.

Aber, eben mit der nötigen Selbstkontrolle, um die Machtposition nicht zu beeinträchtigen.

Dies wird in der Kindheit bereits infiltriert. Ich hör noch heut unsere Nachbarin, wie sie zu meiner Mutter sagt: »Tut's dem Buben die Puppen weg, gebt's ihm was Technisches.«

Dieser eindringliche Ratschlag hatte Folgen. Denn trotz meiner geringen Anzahl an Lebensjahren – ich war gerade erst vier geworden – wusste ich nun, dass man Vorsicht walten lassen musste, um nicht verdächtig zu werden.

Schließlich sollte aus mir was werden. Zu starke weibliche Komponenten gehören bei Buben gekappt. Zumindest war das in den 1960er-Jahren so.

Vor allem funktioniert das eben nur, wenn man von Kindesbeinen an richtig gelenkt wird. Da braucht es Kontrolle von Eltern, aber auch Erziehern – bewusst oder unbewusst –, damit Kinder ein geschlechtskonformes Verhalten an den Tag legen.

Meine Freundin, die Martina, durfte deshalb ihrer Puppe hübsche Sachen anziehen und wurde dafür gelobt. Ich musste ein Flugzeug auseinander- und wieder zusammenbauen – und wurde dafür nicht gelobt, weil man das von mir erwartet hat.

Leider wurden wir oft allein gelassen, was einen ständigen Rollentausch zur Folge hatte. Darum erlernte ich weder geschlechtskonformes Verhalten noch erhielt ich das Rüstzeug für einen Pfarrer.

Jürgen Kirner, geboren 1960 im oberpfälzischen Hemau, lebt in München. Er ist Gründer und Autor der Couplet-AG, ausgezeichnet u. a. mit dem Bayerischen Kabarettpreis und dem Bayerischen Poetentaler. Seit 2013 ist er auch Autor, Moderator sowie Gastgeber der erfolgreichen und beliebten BR-Sendung »Brettl-Spitzen«. In seinen Texten und Couplets beleuchtet Jürgen Kirner das subversive Innere der bayerischen Volksseele und begleitet auf ganz eigene Art und Weise das Leben der Politprotagonisten.

Frau Hubers Lebensweisheiten

»Die Merkel hat garantiert in ihrer Kindheit in der ehemaligen DDR nur mit Autos und Raketen g'spielt«, sagt unsere Nachbarin, die Frau Huber. »Anders gibt's des gar ned!«

Macht ist seit Jahrhunderten männlich codiert, deshalb werden Frauen, die Macht haben, automatisch zu Männern.

Im Wesentlichen unterscheiden sich die männliche und weibliche Macht also gar nicht, weil die Frauen einfach die Männer kopieren.

Es gibt keine Vorbilder für weibliche Macht

»Auch die Angela Merkel gibt vor, ein Mann zu sein«, sagt die Huber Anna, die es aufgrund ihrer Recherchen in kirchlichen Kreisen und Erfahrung mit ihrem Bruder wissen muss.

»Vor allem in der Art, wie sie sich anzieht und wie sie redet.«

»Drum«, sagt die Huber Anna, »wird's Zeit, dass wieder a Mann ans Ruder kommt, denn die können auch viel besser Kanzlerin. Außerdem, für

Männer gibt's gar nicht so viel Weibliches bei der Merkel, das sie sich abschauen könnten.«

Fazit: In der westlichen Kultur ist die Unterdrückung der Frau weiterhin fest verankert, wenngleich auch in etwas abgeschwächter Form. Deshalb sollte MANN künftig als Kanzlerin auch seine weibliche Komponente nur leise zum Klingen bringen.

Und weil sich eben unsere Gesellschaft gerade wieder zurückentwickelt, homophober und rechtsradikaler wird, lohnt ein Blick zurück, auf die alten Römer und Griechen. In der griechischen Mythologie wurde nämlich Frauen, die nach der Macht griffen, die Zunge abgeschnitten oder auch gleich der ganze Kopf.

> » Was jeder Einzelne von uns im Kleinen erreicht, das prägt unser Land im Ganzen. «
>
> Angela Merkel